Detlef Öhlschläger

Und noch ein Heimkind…

„Ver(w)irrt und rebellisch"

Eine Autobiographie in zwei Teilen

Teil I
Kindheit und Jugend

ISBN 9783754395615

Berlin, 2021
© Alle Rechte bei Detlef Öhlschläger

Herstellung und Verlag: BoD – Books on Demand, Norderstedt

FÜR MICH BEGANN alles im November – oder besser gesagt: ungefähr neun Monate zuvor, also etwa im März oder April, dem Tag meiner Zeugung - des Jahres 1951. Der dreiundzwanzigste dieses Monats – so steht es in meiner Geburtsurkunde gilt seitdem als mein Geburtstag, der sich im kommenden November nun zum dreiundsechzigsten Male jährt.

Geboren wurde ich in dieser Stadt, den Urkunden nach zu urteilen, im Bezirk Wilmersdorf, und ich vermute mal, es war das Martin-Luther-Krankenhaus, in dem ich "das Licht der Welt" (bzw. das des Kreissaals) erblickt habe, genau weiß ich es allerdings nicht.

Sicherlich war es - wie ja eigentlich immer um diese Jahreszeit - ein kalter, grauer, vielleicht auch nebliger Tag (jedenfalls kann ich mich kaum eines sonnigen, lichtdurchfluteten Geburtstages erinnern), von dem ich heute immer sage, dass ich besser in der wohlgeschützten warmen Höhle des Bauchraums meiner Mutter geblieben wäre, ja, darum gebeten hätte, doch vielleicht erst im Frühjahr das sichere Nest verlassen zu dürfen. Aber, da ich damals noch nicht über ein Mitspracherecht verfügte, kam ich – naturbedingt – mit einem mir bis heute unbekannten Gewicht und einer mir nicht bekannten Größe auf die Welt.

Sollte es an jenem Tag dieses Ereignisses noch hell gewesen sein, müsste ich wohl so ungefähr zwischen 7.30 und 16.00 Uhr geboren worden sein, will heißen, dass ich nicht weiß, zu welcher Tages- oder Nachtzeit dies geschehen ist.

Der Sage nach kam ich als sechstes Kind meines Vaters und als erstes Kind meiner Mutter auf die Welt, wuchs aber nicht mit meinen älteren Geschwistern zusammen auf. Den größten Teil von ihnen habe ich erst gut zwanzig Jahre später zu Gesicht bekommen.

Mein Vater verdiente sich zu der Zeit seinen Lebensunterhalt mit kleineren Schauspielerrollen im Film und auch am Theater und hielt sich zusätzlich mit Synchronsprecher-Engagements in den damaligen UFA-Studios über Wasser.

Meine Mutter - eigentlich gelernte Balletttänzerin - trat in irgendwelchen Revueshows auf; sie hatte einen Showpartner, einen gewissen Freddie, und sie führte den Künstlernamen Cornelia (ihr eigentlicher Name war Josefine). So hieß ihre Show denn wohl auch: Freddie & Cornelia.

In welche Welt wurde ich da hineingeboren? Nun gut, sechseinhalb Jahre nach dem Ende des 2. Weltkriegs herrschte wieder Frieden in der Welt, bis auf die Tatsache, dass sich nordkoreanische und chinesische Truppen um die Stadt Seoul herumschlugen und sich internationale Truppen unter der Führung eines gewissen Douglas MacArthur in einem Stellungskrieg mit   einmischten. Jener MacArthur plädierte sogar zur Beilegung des Konflikts für den Einsatz von Atombomben (wohl auf den Geschmack gekommen...), den der damalige US-Präsident Harry S. Truman (Gott sei Dank!) aber ablehnte. Ost- und Westblöcke waren derweil damit beschäftigt, die Grundsäulen für ihren dann über vierzig Jahre währenden Kalten Krieg zu errichten. Adenauer regierte als 1. Deutscher Bundeskanzler die jüngst gegründete Bundesrepublik Deutschland, war mit dem Wiederaufbau des in Schutt und Asche liegenden Landes beschäftigt, während die gerade neu gegründete deutsche Justiz nichts Besseres zu tun hatte, als alt eingesessene Nazis zu amnestieren.

Verständlicherweise interessierten mich diese Dinge zu der Zeit noch nicht so, denn - der Sprache noch nicht so richtig mächtig und dadurch auf andere Artikulierungstechniken angewiesen war ich sicherlich damit beschäftigt, meinen Eltern – insbesondere meiner Mutter gegenüber meine mir innewohnenden Grundbedürfnisse anzumelden.

So wuchs ich denn heran, wenngleich ich auch nicht sagen kann, wie im Einzelnen, da ich mich an die Zeit meiner ersten drei, vier Kindheitsjahre genau so wenig erinnern kann wie auch wohl jeder andere, aber leider nicht auf Erzählungen seitens meiner Eltern oder Großeltern zurückgreifen kann.

Ohnehin ist meine Familienchronik eigentlich eine Geschichte für sich, wenngleich sie mir auch nur wenig bekannt ist, denn all das, was sich vor meiner Zeit abgespielt hat, kenne ich nur aus späteren Erzählungen, insbesondere aus den Schilderungen der dritten Frau meines Vaters, die ich – bewusst zumindest – erst mit meinem 18. Lebensjahr kennen gelernt habe. Sie war es auch, die mir die näheren Umstände des Todes meiner Mutter beschrieb, denn für lange Zeit wuchs ich in dem Glauben auf, meine Mutter sei bei einem Autounfall tödlich verunglückt, in Wahrheit aber hat sie sich – erst achtundzwanzigjährig – das Leben genommen.

4

Ich war zu der Zeit erst drei Jahre alt und – obwohl ich (angeblich) dabei gewesen sein soll, als meine Mutter freiwillig aus dem Leben schied – fehlt mir auch daran jegliche Erinnerung, obwohl es eigentlich auf meiner Festplatte gespeichert sein müsste, aber wohl durch eine Schutzmaßnahme meiner Seele nicht abrufbar ist und weder das Bewusstsein noch das Unterbewusstsein darauf irgendeinen Zugriff haben.

Wer war mein Vater? Wie er mir später mal selbst erzählte (aber viel erzählt hat er mir auch nicht…), ist sein Vater, also mein Opa, im 1. Weltkrieg gefallen und sein Onkel, also der Bruder seines Vaters, hat ihm wohl irgendwann mal (s)eine Frau weggeschnappt. (Näheres dazu hat er leider nie ausgeführt…) Seine Mutter, ebenfalls irgendwie im Künstlerberuf verankert, war erst sechzehn Jahre alt, als mein Vater geboren wurde, und der ziemlich geringe Altersunterschied von Mutter und Sohn hatte die beiden wohl dazu veranlasst, in irgendwelchen Shows oder ähnlich gelagerten Events als Geschwisterpaar aufzutreten (wohl mit mehr oder weniger Erfolg…). Ich weiß nicht, wie alt mein Vater war, als er seine erste Frau heiratete, fest steht aber, dass er mit ihr vier Kinder gezeugt hat, meine Halbgeschwister, von denen ich drei tatsächlich in späteren Zeiten auch kennen lernen sollte.

Was geschah nach dem Tod meiner Mutter? Ich weiß es nicht, denn auch spätere "Erzählungen" konnten weder eine korrekte Chronologie noch den Aufschluss über detaillierte Ereignisse geben. Irgendwie muss mein Vater ins Zwielicht öffentlicher Behörden geraten sein, denn das Jugendamt Tempelhof verfügte meine erste Heimeinweisung.

Zu dieser Zeit muss mein Vater schon mit seiner (inzwischen) dritten Frau verheiratet gewesen sein, eben mit jener Elfriede, die ich - wie schon erwähnt - erst später kennen lernte, da ich nun schon achtzehn Lenze zählte…

Ab meinem ersten Heimaufenthalt setzen auch meine Erinnerungen ein, bruchstückhaft zwar, so dass ich eher von Erinnerungsfetzen sprechen muss, und das vielleicht auch nur, weil ich für den Rest meines Lebens eine hässliche Narbe am rechten Unterarm als Beleg eines kleinen Unfalls in eben jenem ersten Kinderheim in Lichtenrade mit mir herumtrage – die Folge meiner als Kind ungebändigten Wildheit. Ich rannte einen langen Flur hinunter, weiß aber nicht mehr, ob es sich um ein wildes Einkriegezeckspiel oder vielleicht auch um eine Flucht

5

vor irgendjemandem handelte. Jedenfalls verfehlte ich den Türgriff der am Ende des Flures gelegenen Glastür und schoss mit meinem Unterarm durch die Glasscheibe dieser Tür – ein großer, spitz nach oben stehender Splitter des zerstörten Glases riss mir einen tiefen Schnitt in die Haut meines Unterarms, nur knapp einen Zentimeter neben der Pulsader über dem rechten Handballen von der linken bis hinüber zur rechten Seite in einer Parabelform auf. Nur infolge schneller fachgerechter Hilfe und operativer Versorgung im Krankenhaus – ist abgesehen vom Verbleib der Narbe – nichts Schlimmeres passiert.

Eines Tages - ich muss inzwischen vier oder fünf Jahre alt gewesen sein - wurde ich von einer Erzieherin des Heimes schick angezogen. Auf meine stumme Frage hin, wozu dies' geschah, antwortete sie mir, ich würde abgeholt werden, meine Mutter warte draußen auf mich.

In Erregung betrat ich den großen Garten des Kinderheims und ... weiß noch genau, wie enttäuscht ich war, denn die Frau, die zusammen mit meinem Vater auf einer Bank im Garten saß, war nicht mein Mutter, es war eben (nur) Elfriede, meines Vaters dritte Frau.

Elfriedes Eltern wohnten in Tempelhof in einer kleinen Zweieinhalbzimmerwohnung, die ich viel später noch einmal zu Gesicht bekommen sollte. Irgendwie nahmen diese die Rolle der Großeltern mir gegenüber ein, und so sind sie mir denn auch als Oma und Opa Linse (so hießen sie) in Erinnerung geblieben. Zu dem Zeitpunkt, da ich ihre Tochter wiedersehen sollte, waren sie bereits verstorben.

Welchen Umtrieben Elfriede und mein Vater aufgesessen waren, kenne ich wiederum nur aus Sagen und Geschichten. Einiges davon dokumentieren auch damalige Zeitungsausschnitte, die ich später – als ich meine Halbschwester Anke kennenlernte – in die Hände bekam.

Sie handeln von einem Schauspieler namens Heinz Ohlsen-Öhlschläger, der offensichtlich während seiner rühmlicheren Zeit als ein Idol vieler Teenager galt, nun aber durch kriminelle Machenschaften zusammen mit seiner Frau Elfriede nicht nur gerichtlich verfolgt sondern auch verhaftet und verurteilt wurde. Ein Foto in dieser Zeitung zeigt mich als jungen Buben neben meinem Vater auf einer Bank des Gerichtsflures sitzend mit den mir in den Mund gelegten Worten: O mein Papa... (in Anspielung auf den damals gerade populären Schlager). Den Zeitungsberichten zufolge entwickelte wohl Elfriede die Hauptinitiative an großangelegten Betrugsdelikten in Form von Hoch-

6

stapelei, Urkundenfälschungen und was weiß der Kuckuck nicht noch alles ...

Beide träumten wohl von der Gründung eines eigenen Filmateliers (in Konkurrenz zur damaligen fast monopolisierten deutschen UFA-Filmwirtschaft...), hatten aber in der Wahl der dazu führenden Mittel eine etwas unglückliche Form gewählt... Elfriede wurde – Zeitungsberichten zufolge - gleich mehrmals per Haftbefehl (wegen diverser Betrügereien und Hochstapeleien) fast steckbrieflich gesucht und beide – Ehemann und Ehefrau - versteckten sich auf geradezu abenteuerliche Weise in irgendeiner Wohnung in Lichterfelde bei Elfriedes Mutter, bis ihnen ein Kripomann doch auf die Schliche kam.

Das Ganze muss sich im Jahre 1954 (ich stand kurz vor meinem vierten Geburtstag) abgespielt haben. Beide landeten jedenfalls hinter Gittern – sie im damaligen noch existierenden Zuchthaus und er im Gefängnis. Damit war die Karriere des „ohnehin nur wenig begabten Schauspielers Heinz Ohlsen" beendet.

Nicht richtig erinnernd vermute ich mal, dass ich während der Zeit bei Elfriedes Eltern - also Oma und Opa Linse - untergebracht war. Etliche Bilder spuken mir heute mitunter durch den Kopf, jedoch kann ich sie nur schwerlich in eine vernünftige chronologische Reihenfolge bringen. Ein Bild zum Beispiel erinnert mich daran, dass wir Anfang der 50ger Jahre im damaligen sogenannten Künstlerviertel nahe dem heute noch so genanntem Breitenbachplatz (bekannt geworden durch das legendäre Jazzlokal Eierschale) in Schmargendorf wohnten. Figuren wie Kolie (die Mutter meines Vaters, von der ich nicht weiß, wie sie eigentlich richtig hieß, denn Kolie war wohl nur ihr Spitz- bzw. Kosename) zusammen mit ihrem damaligen Lebensgefährten Robbi, einem Architekten (mit dem sie noch viele lange Jahre unverheiratet zusammenblieb), tauchen darin auf, ebenso wie eine mir bis auf den heutigen Tag gänzlich unbekannte Frau mit sehr großen Brüsten, die es offensichtlich aufregend fand, mit nacktem Oberkörper vor mir zu sitzen und mich dazu einzuladen, diese auch mal anzufassen, was irgendwann auch zu weiteren sexuellen Handlungen ihrer- und wohl auch meinerseits führte, wobei ich mich aber in keinster Weise missbraucht fühlte, denn ich erinnere mich noch zu gut, es auch ausgiebig genossen zu haben...

Das nächste Erinnerungsbild ist eine Dreizimmerwohnung in einem Altbau in einer gewissen Maßmannstraße, die Verlängerung der auch heute noch so genannten Lepsiusstraße (von der Schildhornstraße kommend...), das heißt, mein Vater blieb wohl seinem standesgemäßen „Kiez" treu und wollte ihn nicht so einfach aufgeben.

Was, so möge man denken, ist da nun schon Besonderes dran? Eigentlich nichts weiter, sieht man mal von der Tatsache ab, dass mein Vater nun bereits das vierte Mal (innerhalb von nur ungefähr zehn Jahren <!>) verheiratet war, und seine neueste Flamme hieß jetzt Eva.

Eva hatte selbst schon zwei Söhne im Alter von zwölf und siebzehn Jahren, arbeitete bei der BVG als Fahrkartenverkäuferin auf U-Bahnhöfen und mein Vater..., tja, der hatte zu der Zeit nun große Schwierigkeiten, sich in seinem erlernten Beruf als Schauspieler über Wasser zu halten, rutschte als brotloser Künstler an einer gewissen Armutsgrenze entlang, zumal ihm wohl auch Unterhaltsverpflichtungen seitens seiner ersten Frau Inge für die vier in dieser Ehe gezeugten Kinder im Nacken saßen.

Aber wie heißt es doch (auch heute noch) so schön: Einem nackten Mann kann man nicht in die Tasche fassen..., zumal ja er und seine dritte Frau Elfriede während des Gerichtsprozesses wegen besagter Betrugsdelikte einen Offenbarungseid geleistet hatten, dennoch verblieb meinem Vater wohl eine Summe von rund zehntausend DM Schulden (müssten nach heutigen Maßstäben um die fünfzig- bis sechzigtausend Euro ausmachen...), die die geprellten Gläubiger auch hartnäckig einforderten.

Einige vielleicht durchaus interessante Fragen bleiben unter Umständen noch übrig, nämlich: Wie haben er und seine Frauen sich überhaupt kennengelernt, was hat sie zusammengeführt und was hat sie - wenn auch immer nur für kurze Zeit - miteinander verbunden? Verfügte er über einen ganz besonderen Charme oder genügte einfach sein äußeres Erscheinungsbild? Er war ein durchaus attraktiver junger Mann mit nach hinten gekämmtem, welligem Haar (fast im Stile von James Dean, Hollywoodstar der 1950ger Jahre...), weichen Gesichtszügen und einem scheinbar geheimnisumwitterten Blick seiner dunklen Augen, verehrt und geliebt von vielen Fans, (natürlich) hauptsächlich weiblichen Fans in den späten 30ger und frühen 40ger Jahren, offenbar hofiert (im Sinne von promoted) von seiner nur sechzehn

Jahre älteren Mutter, die ihn am richtigen Ort zur richtigen Zeit in Szene gesetzt hat.

Wie und unter welchen Umständen hat er meine Mutter kennen gelernt?

Leider muss ich eine zufriedenstellende Beantwortung dieser Fragen schuldig bleiben, da jegliche Türen zu Bildern der Erinnerung verschlossen bleiben und aus späteren Schilderungen seitens jener gewissen Elfriede sowie meiner Halbschwester Anke auch nichts Verwertbares hervorging. Heute, gerade jetzt beim Aufschreiben meiner Lebensgeschichte ärgere ich mich ob meines Versäumnisses, nicht deutlich genug nachgefragt zu haben, als die Gelegenheit dazu noch gegeben war.

Allzu viele Erinnerungen aus der Zeit des Zusammenlebens mit meinem Vater, seiner vierten Frau Eva und ihren beiden Söhnen Wolfgang, genannt Wölfi, damals zwölf und seinem älteren Bruder Dieter, damals siebzehn Jahre alt, sind nicht geblieben außer der einen, dass ich einmal einen ziemlich großen Arschvoll von meinem Vater bekam, als ich gerade frischlackierte Fensterbretter einem kreativen Anfall unterzog und ganz fasziniert davon war, welch herrliche Muster man mit den Fingern in den gerade frisch aufgetragenen Lack ritzen konnte…

Ach ja… und eines Tages wurde ich auch eingeschult, ich nehme mal an, zu Ostern anno 1958 (damals begann und endete ein Schuljahr immer noch zur Osterzeit) in die heute noch bestehende Lepsiusschule in jener Lepsiusstraße in Steglitz, sehr zur Freude meiner Lehrer und Lehrerinnen, denn ich war nicht nur ein furchtbares Kind, sondern muss ein regelrechter Alptraum für alle, nach den damaligen pädagogischen Richtlinien praktizierenden, Lehrkräfte gewesen sein.

Emotional arg gestört, reagierte ich auf alles in äußerst ausgefeilter Aggressivität, schlug auf alles ein, was mir nach meinem damaligen Verständnis unnötigerweise in den Weg kam, und warf sogar mit Stühlen nach meinen Mitschülern, die es wagten, mir in die Quere zu kommen.

(Heutzutage hätte mein Vater oder seine gerade „amtierende" Ehefrau mehr Zeit im Rektoratsbüro zu einem ernsthaften Elterngespräch verbracht als auf seiner Couch zu Hause!)

9

Eine gewisse Cholerik ist mir allerdings bis auf den heutigen Tag geblieben.

Gegen Ende des Jahres 1958 verschwand mein Vater plötzlich. Warum, erfuhr ich erst Jahre später. Doch sein Verschwinden bedeutete gleichzeitig das Ende des „Zusammenlebens" mit ihm.

Seine von ihm verlassene Frau empfand mich wohl - neben ihren eigenen zwei Kindern – als zusätzliche Belastung und wusste nicht recht, wie sie auch mich noch mit durchfüttern sollte. Also suchte sie das zuständige Jugendamt auf und bat um Hilfe.

Ihr Hilferuf hatte letztendlich zur Folge, dass ich das zweite Mal – allerdings für wesentlich längere Zeit - in einem Kinderheim landete.

Und so bezog ich am 6. Januar des Jahres 1959 mein neues Quartier: das Kinderheim „Haus Wartburg", das ich erst im Frühjahr des Jahres 1971 wieder verlassen sollte.

IRGENDWIE HATTE ICH dabei aber noch Glück im Unglück. Warum, soll die gleich folgende Beschreibung des Heims, seiner Lage und Umgebung und den damit verbundenen Möglichkeiten liefern.

Das Haus - mit den anderen sieben Häusern dieses Riesengrundstücks - wurde in einer Art Villenstil der zu Beginn des 20sten Jahrhunderts üblichen Bauweise so um 1906 herum errichtet, und steht sogar heute unter Denkmahlschutz.

Es befindet sich in der Königin-Luise-Straße nahe dem Ende zur Clayallee im villenbestückten Dahlem auf einem Gelände, das sich mit seinen damaligen insgesamt sieben Häusern von der Gelfertstraße (quer gelegene Begrenzung des ebenfalls zum Beginn des 20. Jahrhunderts erbauten Arndt-Gymnasiums) bis zur Clayallee durchzieht.

Der zur Königin-Luise-Straße hin gelegene Zaun zog sich ebenfalls - jeweils unterbrochen von kleinen Türeingängen und der in der Mitte seiner gesamtem Länge befindlichen großen Toreinfahrt - von der Gelfertstraße bis zur Clayallee, bog daselbst in einem rechten Winkel ab entlang der Clayallee bis hin zu einem breiteren Weg mit dem Namen „Am Schülerheim" und umrahmte somit auch die beiden letzten versetzt zueinander stehenden Häuser der „Richter'schen Stiftung", einem damaligen (ursprünglich zum Arndt-Gymnasium dazu gehörenden) Schülerheim. Der auf einer aus alten Ziegelsteinen bestehenden fünfzig Zentimeter hohen Steinmauer errichtete weiß-vergilbte Gatterzaun, im klassizistischen Stil erschaffen, verlieh dem Baustil der hinter ihm befindlichen Häuser ein gelungenes abgerundetes harmonisches Ambiente. Die große, mit einem Giebeldach versehene Villa lag gut zwanzig Schritte vom Gehweg der Straße einwärts. Die Innenseite des Zauns war von dichtem Buschwerk gesäumt, lang gedehnte Vorbeete schmückten die Vorderfront des Hauses, deren eigentlicher Haupteingang sich links am Ende der Vorderfront befand.

Rechts entlang der Seitenfront ging es noch einmal gut zwanzig Schritte zu einem weiteren (Neben) Eingang, der aber von uns allen als Haupteingang genutzt werden sollte. (Der Haupteingang blieb eigentlich ständig geschlossen und wurde nur zu ganz besonderen Anlässen als solcher genutzt.) Das Gelände umfasste das gesamte Areal zwischen der Gelfertstraße und der Clayallee und wurde an seinem südlichen Ende von dem großen Weg „Am Schülerheim" begrenzt. Zur östlichen Seite hin gelegen erstreckte sich vor einem ebenfalls in altem Villenstil erbauten Haus (das Büroräume des damaligen Lastenausgleichsamts beherbergte) eine leicht hügelige Wiese, deren Ende, nur unterbrochen von einem Gehweg, in den Ausläufer eines kleinen Wäldchens führte.

Südöstlich unseres Hauses gab es einen großen Obst- und Gemüsegarten, dessen Früchte - insbesondere seine Tomaten - uns Kindern im Sommer immer sehr zu Genuss kamen. Direkt hinter unserem Haus befand sich ein kleines offenes Gelände, vielleicht zwanzig mal dreißig Meter groß vor einer weiteren alten Gebäudevilla, ebenfalls die „Herberge" des zum Bezirksamt Zehlendorf gehörigen Lastenausgleichsamts. Zwischen diesen beiden Häusern befand sich ein größerer, ungefähr zwanzig mal fünfundzwanzig Meter großer (also fast quadratischer) Sandplatz; er diente uns hauptsächlich als Fußballplatz und für zeitweilige Schlagballweitwurfspiele. Seine östliche und südliche Flanke war wiederum von besagtem kleinen Wäldchen begrenzt, das aber für uns als eine Art „Verbotene Zone" galt, es zu betreten war schlichtweg verboten. Zuwiderhandlungen wurden - wenn man uns denn dabei erwischte - mit mehreren Tagen Stubenarrest, Badeverbot im Sommer oder Rodelverbot im Winter bestraft. Das Wäldchen erstreckte sich gut achtzig Meter tief in seiner südlichen Begrenzung bis hin zum breiten Feldweg „Am Schülerheim", sein östlicher Rand grenzte an die Gelfertstraße. Nach Westen hin befand sich in seiner Mitte unsere große „Insel", gesäumt von einem breiteren Weg in ostwestlicher Achse bis hin zur Clayallee, wobei uns das Betreten des Geländes sowie des weiterführenden Wäldchens westlich dieser "Insel" ebenfalls verboten war.

Die "Insel" stellte einst den Dorfanger des alten Dorfes Dahlem von 1878 dar, gestaltete sich in einer gut hundert Meter langen Ellipsenform und war für uns der vom Eigentümer des Hauses und des Geländes, nämlich dem Bezirksamt Zehlendorf, zugestandene offizielle Spielplatz. Eine mit teilweise noch groben Pflastersteinen bestückte „Straße" zog sich um diese Insel herum und ließ ihre frühere Nutzung zumindest noch erahnen.

Der vordere (zur Königin-Luise-Straße hin gelegene) Teil war mit Spielgeräten bestückt: Dazu gehörte ein großes Klettergerüst (mit Stangen und Seilen und allem Drum und Dran...) sowie ein Drehpilz, der, richtig auf Schwung gebracht, so manche verletzungsbedingten Probleme mit sich brachte.

Die südliche Hälfte - bestückt und umgeben von großen Bäumen unterschiedlichster Art - beherbergte wiederum eine große Freispielfläche, die uns für unsere unzähligen Völkerballschlachten diente.

Doch der Clou des Ganzen war natürlich für uns - zumindest in den Sommermonaten (!) - das zum Arndt-Gymnasium gehörige Schwimmbecken, „eingerahmt" an seiner östlichen Flanke von den Ausläufern der Südspitze unserer "Insel" und zur anderen Seite hin von dem sich bis zur Clayallee hinziehenden Wäldchen.

Ein idyllisch anmutendes Plätzchen, ausgerichtet in nordsüdlicher Lage, rundherum (natürlich) eingezäunt und umgeben von zahlreichen hohen Kiefern, die auch den Wiesen bestückten Innenraum des Bades zierten. An seiner Südseite befanden sich die aus massiven dunkelbraunen, fast schwarzen Holzbohlen errichteten mit einem Schrägdach versehenen Großumkleidekabinen und von der Nordseite her wurde das Becken - ungefähr dreißig Meter lang und fünfzehn Meter breit, wobei das letzte Drittel der Nordseite durch eine große Perlenkettenleine als Nichtschwimmerbecken vom übrigen tiefer werdenden Becken abgetrennt war - von einem großen mit Ornamenten verzierten Steinquader mit Wasser versorgt, das über breite, flache podestähnlich angelegte Stufen ins Becken floss.

Rund ums Becken herum verlief eine ebenfalls mit Wasser gefüllte flache, etwa einen halben Meter breite Fußrinne. Die Wassertiefe des größeren Schwimmerbeckens betrug gute drei Meter, und das Becken verfügte sogar an seiner Südspitze über ein Einmetersprungbrett, das aber später aus Sicherheitsgründen seiner entsprechenden Stütze beraubt und auf Beckenrandniveau gesetzt wurde.

Außer an die vielen, meist heißen Sommertage, da wir uns im Bad zu unseren vorgegebenen Schwimmzeiten tummelten, erinnere ich mich eines ganz besonderen Erlebnisses, das mich um ein Haar das Leben gekostet hätte: Ich war gerade acht Jahre alt, und es war mein zweiter Sommer in meinem neuen Zuhause. Unser - eher dürftig ausgerichtetes - persönliches Spielzeugkontingent lebte von blühenden Tauschgeschäften, und eines Tages erschien ein anderer Junge aus dem Heim - ich glaube, er hieß Max und war so zwei, drei Jahre älter als ich - im Bad mit einem kleinen Auto; ein richtig schickes Auto, das ganz spontan zum Objekt meiner Begierde wurde. Aber ich hatte eigentlich nichts Vernünftiges zum Tausch anzubieten. Deshalb fragte ich Max, ob er mir das Auto nicht einfach schenken wollte. Seine Antwort darauf bestand erst aus einem hämischen Lachen, doch dann schlug er mir einen ganz anderen Handel vor: Wir standen gerade an der Südseite des Beckens (da wo es am tiefsten war), und er fragte mich, ob ich mich denn trauen würde, genau hier ins Wasser zu springen. „Und wenn ja, was dann", fragte ich zurück. – „Dann kannst du das Auto haben", sagte er. Ich schaute ins Becken und sah durch das sonnendurchflutete klare Wasser bis auf den Grund, der mir endlos tief erschien. Aber, so dachte ich, so weit werde ich ja wohl gar nicht untergehen und könnte mich doch nach dem Auftauchen gleich wieder an den Rand des Beckens ziehen… und dann bekomme ich das schicke Auto! „Na gut", sagte ich, „ich mach's". Sprach's und sprang ins Wasser, obwohl ich noch gar nicht schwimmen konnte, und diese meine Leichtfertigkeit hatte zur Folge, dass ich viel tiefer ins Wasser eintauchte als angenommen, nicht weit genug an die Oberfläche zurück kam, um mich wenigstens in Hundekraulmanier bis an den Rand des Beckens zu retten. Also fuchtelte und paddelte ich hektisch mit den Armen unter Wasser, was aber leider nicht den gewünschten Erfolg mit sich brachte. Auch erlahmten meine Kräfte ziemlich schnell, sodass ich mehr und mehr zum Grund des Beckens gezogen wurde. Noch hatte ich Restatem in der Lunge, doch schon bald begann ich den verzweifelten Kampf des Einatmen Wollens, den ich sicherlich auch bald verloren hätte, wenn mich nicht plötzlich starke Arme gepackt und an die Wasseroberfläche zurückgezogen hätten. Ein „Großer" hatte ziemlich schnell meine bedrohlich hilflose Lage erkannt und war mir sogleich ins Wasser hinterhergesprungen. Aus dem Wasser gefischt, schleppte er mich auf die Wiese, wo ich hustend und prustend das bereits schon zu viel geschluckte Wasser ausspuckte. Etliche Jungen standen nun um uns herum, palaverten und diskutierten wild gestikulierend miteinander, während mir Max das Auto mit den Worten: Bist ja ganz schön mutig, hätte ich dir gar nicht zugetraut, in die Hand drückte. Befriedigt schloss ich meine Hand fest um das so „erhandelte" schicke Auto.

Zu meinem großen Glück hatte niemand von unseren Tanten (so mussten wir unsere Erzieherinnen nennen…) diese ganze Sache be-

14

merkt, denn sonst hätte garantiert eine von ihnen den Vorfall Tante Thus, der Leiterin des Kinderheimes, gemeldet und bestimmt hätte ich meine tauschbedingte Mutprobe bitter bereuen müssen... Einen Tag später im Schwimmbad sprach mich mein „Retter" an, hielt mir eine Standpauke, wie dumm es doch von mir gewesen wäre, einfach so ins tiefe Wasser zu springen, ob ich denn lebensmüde sei und so weiter. Kleinlaut erzählte ich ihm von meinem Begehren, unbedingt dieses schicke Auto in meinen Spielzeugbestand einreihen zu wollen. Daraufhin schüttelte er nur unverständlich den Kopf. Doch dann sagte er in ziemlich bestimmenden Ton, dass ich schwimmen lernen müsste und er würde es mir beibringen. Sogleich begann er, mir die entsprechenden Bewegungen der Beine und auch der Arme zu zeigen, ging mit mir ins Nichtschwimmerbecken, um es im flachen Gewässer mit mir zu üben. Ich zeigte mich als fleißiger und gelehriger Schüler und innerhalb einer Woche konnte ich schwimmen.

BETRAT MAN DAS Haus durch besagten Nebeneingang (unseren Haupteingang...), befand man sich fast im Kellergeschoss des Hauses. Drei oder vier Stufen führten zur so genannten Küchenausgabe und rechter Hand betrat man den großen „Schuhputzkeller". An der linken Längswand entlang war ein riesengroßes Schuhregal aufgebaut, in dem jeder der insgesamt fünfzig Kinder, alles Jungs, seine Straßen- und Hausschuhe unterbringen musste. Am Ende des Regals ließ eine meist geöffnete Tür den Blick in unsere großgeräumige Küche zu, in der für uns unter der Führung von Schwester Elisabeth Frühstück, Mittag und Abendbrot sowie kleine „Vespermahlzeiten" zubereitet wurden. Der Küche gegenüber führte ein kleiner Gang zu zwei Badezimmern, die durch ihre Schmucklosigkeit beeindruckten und mit jeweils einer Badewanne und einem Stuhl ausgerüstet waren, wobei der hintere Baderaum nur vom Personal des Hauses genutzt wurde. Im vorderen Raum vollzog sich allsamstags wöchentlich das Baderitual der kleineren und mittelalterlichen Kinder (also so an die dreißig). Es umschloss ein Zeitfenster von gut fünf Stunden.

Im Keller befanden sich außerdem der Heizungsraum, die Waschküche, ein Abstellraum sowie ein größeres, vom „Hausmeister" bewohntes Zimmer, das in den letzten Jahren meines Heimaufenthalts auch das meinige war. (Ohnehin hatte ich im Laufe der zwölf Jahre so gut wie alle von uns Jungen bewohnten Schlafräume durchwandert...).

15

Eine schmale mit Steinstufen ausgelegte Treppe führte im hinteren Teil des Hauses über das Erd- und das erste Obergeschoss bis hinauf in die zweite Etage. Das im Hochparterre gelegene erste Stockwerk beherbergte den großen Speisesaal, dessen letztes Drittel durch eine alte hohe Holzschiebetür abgeteilt werden konnte. Rechterhand des Speisesaals zweigten von einem breiten gut zwanzig Meter langen Flur die zwei Schlafräume der „Großen" ab; es gab außerdem einen Sanitärraum bestehend aus zwei Duschen, einem Waschbecken und einem Klo sowie das am Ende des Flurs mit einem Erkerfenster versehene Zimmer einer Erzieherin mit Namen Helga, also von uns Tante Helga genannt. Gleich rechter Hand zum Treppenabsatz des Hochparterres war die Heimleitung, Schwester Thusnelda Granz, gute achtzehn Stunden am Tag in ihrem Büro damit beschäftigt, die Geschicke der ihr Schutzbefohlenen mehr oder weniger gelungen zu lenken.

Zwischen dem großen Speisesaal und dem Treppenhaus befand sich noch ein weiterer fensterloser Raum, in welchem wiederum in einem großen Regal alle unsere Schulmappen untergebracht waren.

Im ersten Stock befanden sich unsere Schlafzimmer, kleinere wie größere, die alle einen Namen trugen wie zum Beispiel: Sonnenwinkel, Vogelsang, Finkennest, Wigwam und Elbingstätt. Wer mit welchem Hintergrund einst den Zimmern diese Namen gab, hat mich offensichtlich nie interessiert, denn ich habe nie nachgefragt und weiß es demzufolge auch heute nicht. Doch auch hier gingen diese von einem dem Erdgeschoss gleich großen weiträumigen Flur ab, der zwischen den Türen der einzelnen Zimmer mit riesigen Kleiderschränken bestückt war, in denen unsere Anziehsachen aufbewahrt wurden. Am Ende des ersten Flurdrittels gab es einen weiteren Waschraum mit etlichen Wasch- und kleineren Fußbecken. Gleichermaßen am Ende des Flures - wie auch im Erdgeschoss – gab es wieder ein Erkerfensterzimmer und dies hatte sich schon vor langer, langer Zeit Thusnelda (also die von uns Tante Thus genannte…) zu ihrer Residenz auserkoren.

Zur linken Hand des Treppenhauses - genau über Thusneldas Büro - gab es noch das mit sechs Betten ausgestattete Zimmer mit dem Namen Siebenschläfer, rechter Hand des Treppenabsatzes das sogenannte mit nur zwei Betten ausgestattete Krankenzimmer, welches durch einer Art Vorflur mit dem großen Flur verbunden wurde.

16

Insgesamt bewohnten (besser gesagt beschliefen) nun so um die gut dreißig Kinder die teils mit Einzelbetten, teils mit Doppelstockbetten ausgestatteten Zimmer der ersten Etage. Die zwei Zimmer des Erdgeschosses hingegen bewohnten die sogenannten Großen, das heißt, so im Alter von zwölf, dreizehn Jahren gehörte man der Gruppe der Großen an (und erhielt dadurch ein bisschen mehr Freiraum, wenn auch immer noch begrenzt genug!)

Auch auf die Gefahr hin, den Leser (die Leserin…) mit weiteren Ausführungen über die Beschaffenheit des Hauses zu langweilen, möchte ich dennoch die Beschreibung der letzten zweiten Etage, unserer sogenannten Spieletage, nicht schuldig bleiben.

Betrat man den obersten Absatz des Treppenhauses, so hatte man rechter Hand das sogenannte Turmzimmer, zwei Etagen über besagtem Büro, aber ein wesentlich kleinerer Raum (bedingt durch ein nach Süden hin abfallendes Schrägdach), ausgestattet mit zwei Doppelstockbetten, einem großen Kleiderschrank und einem Rundtisch mit vier dazugehörigen Stühlen. Wer dieses Zimmer bezog, gehörte schon zur alten Garde, sprich man zählte schon mindestens sechzehn Lenze, die einzige Möglichkeit, sich des Bewohnens dieses begehrten Zimmers verdient zu machen.

Linkerhand gelangte man durch einen (türlosen) Türbogen wiederum in einen kleinen Vorflur, geradezu ein Zimmer für eine im Haus wohnende Erzieherin, links in der Ecke eine fast schon antik wirkende Holztür zu einem kleinen Dachboden, der allgemein Eichhörnchenboden genannt wurde. (Warum? Auch das weiß ich nicht, weil ich eben nie gefragt habe…).

Rechts neben der Erzieherzimmertür führte hinter einer weiteren alten Holztür eine schmale, schon stiegenmäßig anmutende und reichlich knarrende Holztreppe auf den großen Dachboden des Hauses, auf dem Unmengen von Dingen verschiedenster Art aufbewahrt wurden, wie zum Beispiel ein Haufen Rodelschlitten (sofern sie in der Winterzeit nicht gerade im aktiven Einsatz waren…), alle unsere Koffer (riesige altmodische Koffer, die selbst eingefleischte Händler eines Trödelmarktes nicht mal mehr für geschenkt genommen hätten), der ganze Weihnachtskram, ausrangierte Klamotten, unnütz aufgehobener und im Laufe der Zeit angesammelter Schrott, alte Möbelteile, ein Haufen Kisten und Kartons mit abgenutztem Spielzeug, reparaturbedürftige alte Roller und was weiß der Kuckuk nicht noch alles... Aber, diesen Dachboden zu durchstöbern, war auf jeden Fall immer ein großes Abenteuer!

Rechterhand neben dem Dachbodeneingang gab es (natürlich) wieder einen großen Flur, von dem wiederum ein Toilettenraum, ein weiteres Zimmer für eine Erzieherin sowie drei weitere für uns zum Spielen zur Verfügung stehende Räume abzweigten: Geradezu, über Thusneldas Residenz, das Spielezimmer, zur rechten Seite der (zur Straße hin gelegene) Bastelraum mit einer sich weiter anschließenden Kleiderkammer und zur linken Seite hin der Leseraum mit einem sich nochmalig anschließenden Erzieherraum, wobei sich die Funktionalität der Räume durchaus vermischte, denn im Spielezimmer wurde auch gelesen, im Lesezimmer auch gespielt (hauptsächlich Monopoly bis zum Abwinken...) und im Bastelraum wurde nicht nur gebastelt sondern auch gespielt, und er diente außerdem zum Anfertigen von Schularbeiten (heutzutage Hausaufgaben genannt).

SO ALSO SAH unser Haus im Innern aus und was nun genau spielte sich darin ab? Zum besseren Verständnis sei kurz erklärt, dass das Kinderheim Haus Wartburg in der Trägerschaft der Evangelisch-lutherischen Freikirche, daselbst insbesondere der Steglitzer Trinitatis-gemeinde stand. (Trinitatis bedeutet: Dreieinigkeit und gemeint ist damit nach der christlichen Lehre die Dreieinigkeit Gottes: Vater, Sohn und Heiliger Geist). Unsere Freikirche (mit etwa insgesamt sieben, acht bestehenden Gemeinden in Berlin) nannte sich deshalb lutherisch, da sie sich auf viele Thesen des Dr. Martin Luther – insbesondere auf seinen aufgestellten Katechismus – berief bzw. auch heute immer noch beruft, eben auf jenen gewissen Martin Luther des späteren 15. bis Mitte des 16. Jahrhunderts, der durch die Übersetzung der Bibel ins Deutsche, seine berühmten 95 Thesen zu Wittenberg und der Begrün-dung des Protestantismus' in die Geschichtsbücher eingegangen ist. Eine sehr lange Zeit verbrachte er auch auf der Wartburg bei Eisenach, daher die Namensgebung für das zu dieser Kirche gehörende Kinder-heim...

So stand denn auch der Pastor dieser Steglitzer Kirchengemeinde dem Ganzen vor, und geleitet wurde das Heim von jener schon er-wähnten Diakonisse (Diakonissen sind eine Art Schwesternorden der Lutherischen Freikirchen), Schwester Thusnelda Granz, und die Ein-weisungen in dieses Kinderheim erfolgten über die jeweils zuständigen Jugendämter.

Thusnelda trug - ebenso wie Schwester Elisabeth, unsere Küchen-chefin - eine Diakonissentracht (mit Haube, Schürze und allem Drum und Dran), alle übrigen Erzieherinnen, von uns Tante Soundso ge-nannt, verbrachten ihre Tage an Bord in ziviler Kleidung.

Der Alltag unterlag streng religiösen Riten: Morgens, Punkt sieben Uhr, eine Morgenandacht vor dem Frühstück, Tischgebete vor jeder Mahlzeit und abends um sieben eine Abendandacht. Die Andachten wurden gestaltet mit dem gemeinschaftlichen Singen eines der unzäh-ligen Kirchenlieder (ein schier unerschöpfliches Repertoire), dem Vorlesen eines Bibeltextes und dem Sprechen verschiedener Gebete (mit dem ständigen Bitten um Vergebung der Sünden, die wir fast im Überfluss anzubieten hatten...), und sie endeten mit dem Aufsagen (eher: Aufleiern...) des obligatorischen Vaterunser.

Nach dem Frühstück, bestehend aus einem Teller (absolut eklig schmeckenden) Haferschleims, einer Butter- und einer Schmalzstulle, einem Esslöffel voll widerlichen Lebertrans, rüstete man sich für den Schulweg, der von Thusnelda höchstpersönlich überwacht wurde, dergestalt, dass jeder Einzelne von uns an ihr vorbei musste, sie jedem in den Schulranzen schaute, ob darin auch alles seine Richtigkeit hatte, die in Butterbrotpapier verpackten (nun doch mit Wurst und Käse belegten) Pausenbrote auch richtig einsortiert waren…

So begaben wir uns auf den Weg zur Schule, der damaligen Lansgrundschule, deren Gebäude heute noch in der Lansstraße gegenüber dem Ägyptischen Museum in Dahlem (etwa hundert Schritte hinter dem U-Bahnhof Dahlem Dorf oder zur vielleicht besseren Orientierung: direkt hinter der Biergartenkneipe Luise) steht, das seit Mitte der 60er Jahre aber nicht mehr als Schulgebäude sondern von der FU genutzt wird.

Unser Schulweg führte uns immer so auf halbem Wege an einem großen Feld vorbei, das im jährlichen Wechsel mal als Kartoffelacker, mal als Maisfeld genutzt wurde. In unzähligen Sommern stromerten wir auf dem Nachhauseweg in den hohen und dicht beblätterten Maishalmen herum (sehr zum Ärger des Bauern) und trugen reichhaltige Beute mit nach Hause.

Obwohl wir eindeutig gegen eins der Zehn Gebote, nämlich: Du sollst nicht stehlen, verstoßen hatten, wurde darüber hinweggesehen und statt dass wir bestraft wurden, war Elisabeths Küchenmannschaft stets so lieb, uns die geklauten mitgebrachten Maiskolben in warmem Wasser zu garen - für uns eine köstliche Sondermahlzeit…

An ein ganz anderes Erlebnis kann ich mich erinnern, das uns Jungs so im Alter von zehn, elf Jahren fast so spannend erschien wie die spätere Mondladung: Gerade als wir den am Kartoffelacker angrenzenden Gehweg der Königin-Luise-Straße passierten, kreiste über dem Feld ein Hubschrauber, der plötzlich leicht ins Trudeln geriet, in kreisenden Bewegungen immer tiefer ging und schließlich mitten auf dem Acker landete. Natürlich blieben wir stehen und verfolgten neugierig das Geschehen. Eine Weile tat sich nichts, außer dass nach dem Abschalten des Motors die riesigen Rotorblätter ihre Drehungen verlangsamten, bis sie schließlich ganz still standen. Dann öffnete sich eine Seitentür des Fluggeräts und zwei Männer in Soldatenuniformen stiegen aus, schauten sich nach allen Seiten um, entdeckten uns vier, fünf Jungs auf dem Gehweg und... kamen auf uns zu. Als sie nah genug heran waren, konnten wir ihre Gesichter erkennen, und ich erinnere mich noch, dass sie nicht gerade einen vertrauenserweckenden Eindruck auf mich machten. Außerdem waren sie bewaffnet mit Maschinenpistolen, die ihnen über die Schultern baumelten.

Verrückte Amis, dachte ich, warum landen die hier auf dem Kartoffelfeld? Einer der beiden sprach uns an, aber wir verstanden kein Wort. Der andere gestikulierte in der Gegend herum, einer unserer Kameraden bekam es plötzlich mit der Angst zu tun und rannte davon. Da redeten sie beide in ihrer fremdartigen Sprache auf uns ein, die klang, als nuschelten sie ein Gemisch aus rückwärts gesprochenem Amerikanisch durchsetzt mit lauter Sch- und Krr- Lauten.

Unschlüssig traten wir auf der Stelle und hätten uns am liebsten ebenfalls aus dem Staub gemacht, als die ansonsten eher friedliche dorfähnliche Idylle von lautem Tatü-Tata unterbrochen wurde und die klare Winterluft sich in ein blaues Blitzlichtlichtgewitter verwandelte. Polizisten sprangen aus ihren blauen VW–Käfern, eilten auf uns zu und gaben uns zu verstehen, sofort von hier zu verschwinden: Seht zu, dass ihr schleunigst nach Hause kommt, sagten sie...

Wir taten wie uns geheißen mit dem schlechten Gefühl, uns mit einer unbefriedigten Neugier zufrieden geben zu müssen. Hätten wir es später nicht besser gewusst und damals schon den Begriff Aliens gekannt, wir hätten geschworen, Zeugen einer Landung von Außerirdischen gewesen zu sein!

Einige Tage später klärte sich die ganze Geschichte auch für uns auf. Die Zeitungen hatten schon am nächsten Tag davon berichtet, und so konnten wir Unterhaltungen der Erwachsenen darüber entnehmen, dass es sich um zwei russische Hubschrauberpiloten auf dem Weg zu irgendwelchen in Potsdam gelegenen Kasernen handelte, die aufgrund eines technischen Defekts ihren Heli auf dem Acker notlanden mussten. Ihre im tief zerfurchten gefrorenen Sand des Kartoffelfelds zurückgebliebenen Fußspuren waren noch viele Tage deutlich zu sehen, und wir mussten unseren Heimkameraden immer und immer wieder die Geschichte ihrer Landung erzählen.

Nicht jeder Tag wurde von solchen uns abenteuermäßig anmutenden Geschehnissen begleitet, eher gestalteten sie sich in immer wiederkehrenden Abläufen, die einem schon bald das Gefühl eines grauen Alltags vermittelten.

Schon am Mittagessen konnte man erkennen, um welchen Wochentag es sich heute handelte, montags gab es immer Graupensuppe, dienstags irgendwas mit Gemüse und Kartoffeln, mittwochs den Rest des Gemüses vom Vortag als Gemüsesuppe, donnerstags ich weiß nicht genau was, freitags verkochten Fisch in undefinierbar grauer Soße, samstags Linsensuppe, mal mit, leider auch oft ohne Würstchen und sonntags, tja... da gab es tatsächlich mal ein richtiges Kotelett mit (meist verkochten) Kartoffeln und gemischtem Gemüse.

So oder ähnlich gestaltete sich der Speiseplan des Mittagessens über all die Jahre hinweg. Morgens, wie schon erwähnt, gab es den hervorragenden Haferschleim, abends oft nochmals aufgekochtes Zeug vom Vortag oder auch vom gleichen Tag, doch gab es auch die zwei großen Ausnahmen: Sonntags eben mal Schnitzel oder Kotelett und zur Abendmahlzeit Brote mit Fleischsalat, frischen Gurken und Tomaten dazu, und jeden Samstagabend gab es riesige Schüsseln voll Cornflakes, mit denen wir uns die Bäuche fast immer bis zum Platzen vollschlugen. Zum Nachtisch gab es natürlich regelmäßig Obst...

Wie gestalteten sich weiterhin die Tagesabläufe? Nun, nach der Schule ging's nach Hause zu besagtem Mittagessen, zwischen eins und drei saß man auf seinem Platz im Speiseraum zum Schularbeiten machen. Den Rest des Nachmittags füllten unsere üblichen beliebten Freizeitbeschäftigungen aus: Fußball- oder Völkerballspielen, im verbotenen Wäldchen Cowboy und Indianer spielen, ohne dabei erwischt zu werden..., im Sommer baden oder im nahe gelegenen Grunewald herumtoben, im Winter rodeln im zehn Minuten zu Fuß entfernten Schwarzen Grund, einer an einem langgezogenen Hügel entstandenen Endmoräne während der letzten Eiszeit mit einem riesigen stummen Zeugen dieses Ereignisses in Form eines steinernen Findlings, der beim Bau der heutigen U-Bahnlinie U3 im Jahre 1913 an der Stelle des heutigen U-Bahnhofs "Freie Universität" (vormals: Thielplatz) gefunden, ausgegraben und mit einem 14-köpfigen Pferdefuhrwerk an seine heutige Stelle nahe dem U-Bahnhof geschafft wurde...

Das alles konnte man machen, sofern eine oder zwei unserer Tanten sich bereiterklärten, mit uns in den Grunewald oder in den Schwarzen Grund zu ziehen und außerdem noch andere Voraussetzungen erfüllt

waren: Zwar beaufsichtigte Thusnelda nie die Hausaufgabenanfertigung, denn in dieser Zeit pflegte sie sich zu einer kleinen Mittagsruhe
auf ihr Gemach zurückzuziehen, wohl aber stand sie Punkt Glockenschlag drei Uhr wieder Gewehr bei Fuß, um einen Blick in unsere
Schulhefte zu werfen. Insbesondere interessierte sie, ob alles sauber
und ordentlich aussah, oder ob Mathe- und Deutschaufgaben gekliert
und ihrer Ansicht nach dreckig und fleckig wirkten. Das ist aber keine
Schönschrift, sagte sie dann oft bei der Betrachtung des Schriftbildes,
die ganze Seite schreibst du noch mal! Ich gehörte eine Zeit lang oft zu
den Kindern, für die die Schularbeitszeit statt um drei erst um vier oder
halb fünf zu Ende war. (Später war ich sogar fast täglich durch regel-
mäßiges Klavierüben daran gehindert, Fußball spielen, baden oder
rodeln gehen zu können…)

Doch endlich beim ersehnten Spielen, musste man nun auch noch
höllisch aufpassen, die richtigen Schuhe zu tragen, denn Thusnelda
brachte auch dafür genügend Energie auf, uns zu kontrollieren. Jeder
hatte drei Paar Schuhe: Sonntags- Schul- und Spielschuhe, und wehe,
man trug zur falschen Zeit die falschen Schuhe!

Das Abendprogramm begann mit dem Hereinrufen ins Haus, entweder zum Schuheputzen oder es ging zum Abendbrotessen, das in verschiedenen Gruppen stattfand, sodass man sich wenigstens zu dieser
Zeit mal in kleinerer Runde aufhalten konnte.

Gruppe 1 bestand aus den kleineren Sechs- bis Neunjährigen, Gruppe 2 aus den Zehn- bis Dreizehnjährigen und die dritte Gruppe machten die „Großen", die Vierzehn- bis Achtzehnjährigen aus.

Stets um sieben Uhr wurde die Abendandacht zelebriert, an der teilzunehmen für jeden absolut verpflichtend war. Anschließend hieß es
für Gruppe 1 und 2, sich zu waschen und bettfertig zu machen. Entweder lagen wir dann schon in unseren Betten und durften noch eine
halbe Stunde in Büchern oder Heften schmöckern (Micky Maus, Do-
nald Duck, Pluto, Fix und Foxi und viele andere mehr waren dabei
unsere bevorzugten Favoriten), oder ein Teil von uns versammelte sich
in Thusneldas heiligem Gemach, wo sie uns dann Geschichten vorlas,
wie zum Beispiel Jim Knopf und der Lokomotivführer oder Grimms
Märchen oder Abenteuergeschichten von Enid Blyton.

Manchmal wurde auch der auf der Schlafetage auf einem kleinen
Sideboard stehende Plattenspieler aktiviert und wir konnten in unseren

Zimmern, deren Türen ohnehin stets offenstanden, Hörspielplatten hören. Am beliebtesten waren für uns immer die Geschichten eines gewissen Karl May, desen Helden wie Winnetou, Old Shatterhand und Sam Hawkins uns dadurch bekannt wurden, ohne zu wissen, dass Karl May bald an die siebzig Bücher geschrieben hatte... Doch jene Helden waren es, die uns veranlassten - sobald wir des Lesens mächtig waren – nach seinen Büchern zu suchen, um sie irgendwie zusammenzuklauben und so kam es, dass die ersten sieben, acht Bände bald im Umlauf waren; nicht nur die Geschichten des Old Shatterhand sondern auch Schurken wie Der Shut (als Gegenspieler des Kara Ben Nemsi) und weitere andere erfreuten sich bei uns großer Beliebtheit. Natürlich integrierten wir - insbesondere Winnetou und Old Shatterhand – in unsere wilden Cowboy- und Indianerspiele. Später, als Mitte der 60er Jahre die ersten Karl-May-Verfilmungen in den Kinos auftauchten, waren wir natürlich als festes Stammpublikum aus den Lichtspielhäusern der sonntäglichen Jugendvorstellungen nicht mehr wegzudenken, obwohl wir mit der inhaltlichen Gestaltung der Filme nicht so ganz zufrieden waren. Verwöhnt durch die Hörspielplatten, die sich doch ziemlich genau ans Buch gehalten hatten, mussten wir hier leider feststellen, dass Drehbuchautor und Regisseur doch so ihre völlig eigene Auslegung der Dinge hatten. Dennoch, unsere nur durch das Lesen hervorgebrachten Fantasien erhielten nun die entsprechenden Gesichter dazu, und ich ließ mir nur wenige Tage - nach dreimaligem mit glasigen Augen – Ansehen des Films Winnetou I seinen Namen in ein Handkettchen auf ein etwa zehn mal zwei Zentimeter breites Silberplättchen eingravieren...

Unser Winnetou-Wahn hatte bald darauf eine schon fast neurotische Jagd auf die allwöchentlich erscheinende BRAVO zur Folge, denn sie enthielt die Figuren wie Winnetou, seine Schwester Nscho-tschi (gespielt von der zauberhaft anzusehenden Schauspielerin Marie Versini...) sowie natürlich Old Shatterhand als sogenannten Starschnitt: Jede Woche ein einzelnes Puzzleteil der Figur, das, mit allen übrigen entsprechend passend aneinandergeklebt, die Figur in Lebensgröße ergab, die man sich dann an die Wand hängen konnte...

Aber die BRAVO diente uns nicht nur zum Sammeln von Starschnitten sondern auch als erste detailliertere Aufklärungsfibel, denn immer-

24

hin wurden bestimmte Körperorgane und –funktionen, insbesondere die junger Mädchen, etwas genauer beschrieben...

Irgendwann, so zwischen halb acht und acht, hieß es dann: Alle Zimmer Licht aus, Schlafenszeit! Dann begann die Zeit des Tuschelns und des Flüsterns; vestecktes Lachen, Gemurmel und Geraschel, heimliches nochmal Aufstehen und ähnliche Dinge mehr waren zu vernehmen. Dem wachhabenden Offizier vom Dienst (also der Erzieherin, der Tante Soundso...) auf dem Flur unserer Schlafetage oblag es, endlich für Ruhe zu sorgen, die aber trotz mehrerer Ermahnungen lange noch nicht eintreten wollte.

Absolute Quergeister wurden schließlich aus den jeweiligen Zimmern gezogen und mussten für fünfzehn, zwanzig oder auch mehr Minuten in der Ecke stehen. Es gab sehr viele Ecken: Allein auf dem Schlafflur drei bis vier, im Treppenhaus noch mal fünf bis sechs und an manchen Abenden waren so gut wie alle sieben, acht Ecken gleichzeitig mit Eckenstehern belegt. Ab zehn Uhr nachts etwa gab die Erzieherin des Schlafwachendienstes ihre Stellung auf, sodass einige ganz Hartgesottene sich irgendeine Geschichte im Flüsterton noch zu Ende erzählen konnten, doch der größte Teil von uns war dann doch endlich eingeschlafen.

Der nächste Morgen begann um halb sieben: Wenn nicht von Thusnelda selbst, dann wurden wir vom lauten "Guten Morgen, Kinder, aufstehen!" der Frühdiensterzieherin geweckt. Mit dem Aufstehen musste man sich sputen, denn in der knappen halben Stunde bis zum Frühstück (Haferschleimfassen...) beziehungsweise bis zur allmorgendlich obligatorischen Morgenandacht gab es eine Menge zu tun – vor allem für diejenigen, die gerade für den wöchentlichen Stubendienst zuständig waren, denn das hieß: Nachttöpfe (die gab es für uns Kleinere tatsächlich noch!) rausbringen und die Stube ausfegen.

Ab Januar 1959 besuchte ich nun also die zweite Klasse jener erwähnten Lansschule und wurde zu Ostern dieses Jahres in die dritte Klasse versetzt.

Meiner Klassenlehrerin (die ich bis zu vierten Klasse behielt), einer schon etwas älteren Dame, fiel ich weniger durch meine schulischen Leistungen denn durch mein Verhalten auf, das dem in der Zeit meines Besuchs der Lepsiusschule in etwa gleichkam. Obendrein war ich wohl sehr nervös und zappelig, sodass sich die Lehrerin und Thusnelda keinen rechten Rat mehr wussten und mich schließlich unserem Hauspsychologen vorstellten. Ich weiß nicht, was genau er in seinen Untersuchungen alles diagnostizierte, jedenfalls bescheinigte er mir (bzw. den mich betreuenden Erwachsenen) nebenher auch eine relativ hohe Intelligenz und schlug als Therapie vor, meine (für ihn unerklärliche) Verhaltensrenitenz einer Form der „Widerspenstigen Zähmung" zu unterziehen.

Dummerweise folgte man seinem fachmännischen Rat und Thusnelda war fortan davon überzeugt, mich mit einer entsprechenden Ohrfeigentherapie heilen zu können. Weder meine Leistungen noch mein Verhalten wurden dadurch besser, und für mich bestand nur der einzige Vorteil darin, zu lernen, selbstschützende Strategien einer vielen auf die Nerven gehenden Introvertiertheit zu entwickeln. Auch diese Reaktion nicht richtig erkennend, stufte man mich nun als stur und verbockt ein. Offensichtlich reagierte mein Körper auch auf den Zustand meiner Seele, denn ich wurde zunehmend krank, kämpfte ständig mit einem widerlichen Reizhusten, wirkte blass und mager.

So wurde ich auf ärztliche Anordnung hin für sechs Wochen verschickt, an die See, auf die Insel Amrum in ein Kindererholungsheim. Ich erinnere mich tatsächlich noch an das Haus, seine Beschaffenheit und Umgebung und weiß noch, dass ich staunend dem An- und Ablegen der mir damals riesig vorkommenden Fährschiffe im Wittdüner Hafen vom Fenster unseres Schlafzimmers lange zugeschaut habe.

Die „raue Seeluft" barg tatsächlich einen gewissen Erholungseffekt in sich, auch dergestalt, dass ich mich in ein Mädchen namens Angelika über beide Ohren verliebte und auch sie mir nicht abgeneigt gewesen war. Umso heftiger traf mich der Abschiedsschmerz bei unserer Rückkehr nach Berlin, denn damals - noch unfähig, weiterführende

26

Verabredungen zu treffen – verfiel ich in tiefen Kummer ob der Tatsache, dass wir uns auf einmal nicht mehr wiedersehen würden.

Zum Beginn der Verschickung Mitte März des Jahres trugen Bäume und Sträucher noch ihr unbeblättertes Winterkleid und auch auf der Insel Amrum waren noch keine allzu deutlichen Zeichen eines nahenden Frühlings zu erkennen. Mit großen staunenden Augen registrierte ich nun bei unserer Rückkehr Anfang Mai die in vollem Grün stehenden Bäume vor dem Rathaus Zehlendorf, am Teltower Damm und in dem zwischen der Kreuzung Zehlendorf-Mitte und dem Rathaus angelegten Park, dem alten Dorfanger Zehlendorfs.

Es war ein wunderschöner warmer Frühlingstag in der Stadt, dessen Flair ich wohl zum ersten Mal in meinem Leben bewusst spürte. Irgendjemand, ich meine mich zu erinnern, dass es Tante Helga war, holte mich vom Sammelpunkt in Zehlendorf ab und brachte mich nach Hause. Auf dem Weg zurück ins Heim sprach ich kein Wort, und auch zu Hause angekommen blieb ich noch immer stumm trotz vieler auf mich einprasselnder Fragen, wie : Wie es denn war? Wie es mir gefallen habe? Ich sähe doch aber ganz erholt aus! Ob es mir gutgehen würde? Was ich denn nur hätte, warum ich den gar nichts sagen würde?... und so weiter und so weiter. Schließlich hieß es, ich sei wohl nur ein bisschen bockig und es sei wohl das Beste, ich ginge mal gleich ins Bett meinen Bock ausschlafen! Es war mitten am Tag, überhaupt keine Schlafenszeit, ich war auch nicht müde und auch nicht bockig, mich quälte nur ein undefinierbarer Liebeskummer... aber, ich wollte nicht darüber reden und hätte auch nicht gewusst, mit wem.

Durch meine Verschickung verpasste ich den Beginn des neuen Schuljahres und wies eh schon große Wissensrückstände zum Ende des vorangegangenen Schuljahres durch mein längeres Kranksein auf. Inzwischen besuchte ich die dritte Klasse der Grundschule, doch Rechnen und Lesen waren für mich immer noch „böhmische Dörfer". Zwar kannte ich im Prinzip alle Buchstaben, aber ich blieb unfähig, sie aneinandergereiht als ganze Wörter zu lesen. Ebenso wenig gelang es mir, mit den mir vorliegenden Zahlen im Rechnen etwas Brauchbares anzufangen.

Vielleicht, weil meine Lehrerin davon ausging, ich müsste das doch nun mal irgendwie gelernt haben, forderte sie mich alsbald in einer Deutschstunde auf, den nächsten Absatz des uns vorliegenden Textes vorzulesen. So starrte ich hilflos auf die unzähligen Buchstaben in meiner Fibel hinab, aber außer den Wörtern, die nur aus zwei Buchstaben bestanden wie *im*, *da* oder *zu* blieb ich des Lesens eines ganzen Satzes einfach unfähig. Viele andere Kinder der Klasse begannen, mich auszulachen, zeigten mit dem Finger auf mich: „Der kann ja noch nicht mal lesen", und auch die Lehrerin tadelte mich ob meines kläglichen Versagens.

Wutentbrannt und mit Schamesröte im Gesicht packte ich meine Sachen und ging einfach nach Hause. Wenig später zitierte mich Thusnelda in ihr Büro, hielt mir eine Standpauke, drohte mir zum ersten Mal mit dem Herrn Pastor (als oberste Autoritätsinstanz, denn ihr aus Hilflosigkeit geborener Satz: „Das werde ich Herrn Pastor melden" , erfolgte stets in Momenten wie diesem), ohrfeigte mich und schickte mich zur Strafe ins Bett.

Das Beste, was mir passieren konnte und auch sogleich einen Tag später geschah, war, dass ich wieder krank wurde. Ich bekam Röteln oder Scharlach oder Masern, irgendeine dieser typischen Kinderkrankheiten. Bemerkt wurde es schon beim Frühstück und man schickte mich sogleich wieder nach oben ins Bett.

Einige Tage später - mir ging es schon wieder ein bisschen besser, aber ich musste noch weiterhin das Bett hüten - betreute mich Tante Helga während der Vormittagsstunden. Sie brachte mir ein zweites Frühstück, garniert mit viel frischem Obst, maß mein Fieber und blieb längere Zeit auf meiner Bettkante sitzen, streichelte mich zwischendurch sogar ein wenig und schien ganz besorgt um mich. Das Alles bewirkte, dass der zu meinem Selbstschutz aufgebaute Eispanzer begann, mehr und mehr aufzutauen, und dass ich ihr gegenüber auch eine ungehemmte Zutraulichkeit entwickelte.

Zwischendurch war sie öfter mit anderen Dingen beschäftigt, wie zum Beispiel dem Einsortieren der frisch gewaschenen Wäsche in unsere Kleiderschränke oder irgendwelchen anderen Aufräumarbeiten, schaute dann aber auch immer wieder mal nach mir. Wenn es ihre Zeit erlaubte, blieb sie länger auf meiner Bettkante sitzen und begann, mir aus einem kleinen Buch vorzulesen. Es war die Abenteuergeschichte eines kleinen Mädchens, das mit wilden Pferden zu tun hatte, Pferde über alles liebte und darüber fast die Schule vergaß. An weitere Einzelheiten der Geschichte kann ich mich heute nicht mehr erinnern, wohl aber läutete sie ein neues Kapitel meines Lebens ein!

Zunächst lag ich noch lang ausgestreckt (zur der Zeit maß ich meinem Alter entsprechend noch eine ganz normale Körperlänge, erst später, so mit vierzehn Jahren machte ich einen gewaltigen Schuss in die Höhe bis zu einem Meter sechsundachtzig) in meinem Bett, hatte die Augen geschlossen und versuchte, zum vorgelesenen Text im Geiste die entsprechenden Bilder dazu zu entwickeln. Doch die Bilder wollten keine klaren Umrisse annehmen und, von einer inneren Unruhe getrieben, richtete ich mich im Bett auf und sah Tante Helga über die Schulter. Darüber verwundert, unterbrach sie ihr Vorlesen, fragte mich, ob ich die Geschichte nicht mehr spannend fände, ob ich lieber in Ruhe gelassen sein wolle.

Nein, nein, entgegnete ich heftig und bat sie, mir mit dem Finger die Stelle zu zeigen, an der sie gerade las. Nun setzte ich mich neben sie auf die Bettkante und verfolgte mit den Augen, während sie weiterlas, ihren am Text entlang wandernden Finger. Dann bat ich sie, den gerade gelesenen letzten Abschnitt noch einmal vorzulesen und weiterhin mit dem Finger jedes Wort zu unterstreichen. Sie tat, worum ich sie bat und las mir nun jeden Abschnitt zweimal, auf meinen Wunsch hin sogar manchmal drei- oder auch viermal vor, während ich mit den Augen jeden Buchstaben, ja jedes von ihr mit dem Finger unterstrichene Wort verfolgte.

Als sie schließlich ging, um noch notwendige andere Dinge zu erledigen, nahm ich das Buch in die Hand und las alle letzten Abschnitte von eben noch einmal ohne bewusst zu registrieren, dass ich tatsächlich begann zu lesen.

Den nächsten Tag versorgte mich Thusnelda höchstpersönlich auf ihre ureigenste unsensible Art und Weise: Äußerst ruppig stieß sie einem das Fieberthermometer in den After und verordnete mir mindestens zwei weitere Tage Bettruhe, obwohl ich schon gar kein Fieber mehr hatte, aber als sture Prinzipienreiterin, die sie nun einmal war, bestand sie auf der von ihr erschaffenen Regel, erst nach drei Tagen (am Stück) fieberfrei aufstehen zu dürfen. Zum Glück verzichtete sie auf ihre speziellen heißen Brustumschläge, die bewirken sollten, hohes Fieber einfach auszuschwitzen.

Doch dadurch unseres motorischen Bewegungsdrangs beraubt, sprangen wir nachmittags und abends - sofern wir den engmaschigen Lücken einer permanenten Beaufsichtigung entwischen konnten - wild tobend durch die Flure und liefen dabei natürlich Gefahr, das bereits abgesenkte Fieber wieder hochzujagen. Und damit begann die Regel des Drei-Tage-Fieberfreiseins wieder von vorne...

Vergeblich wartete ich den Rest des Tages auf Tante Helga, doch sie hatte heute einen dienstfreien Tag. Missmutig nahm ich dennoch das Buch zur Hand und las die Abschnitte des Vortages mehrmals hintereinander für mich alleine; natürlich fehlte mir das korrektive Feedback, und ich lief große Gefahr, Wörter falsch zu lesen und Grundsätze des verkehrten Zusammensetzens von Buchstaben zu einem Wort zu entwickeln.

Am nächsten Morgen kam eine andere Erzieherin, Tante Rosi, zu mir, um Fieber zu messen und mir Frühstück zu bringen. Ich fragte sie nach Tante Helga, und sie erklärte mir, dass ihr Dienst heute erst um zehn Uhr beginnen würde. In freudiger Erregung nahm ich noch einmal das Buch zur Hand und las, diesmal laut, die bisherigen Abschnitte der letzten beiden Tage. Tante Helga kam allerdings erst gegen Mittag und brachte mir einen Teller heißer Suppe, den ich gierig verschlang. Dann versprach sie mir, mir nach der Mittagsruhe weiter aus dem Buch vorzulesen.

Und so saß ich denn auch Punkt drei Uhr kerzengerade auf der Bettkante in der Hoffnung, sie möge ihr Versprechen halten. Was sie auch tat, denn nur kurze Augenblicke später saß sie wieder auf meiner Bettkante, das Buch in der Hand und mit dem Finger wieder die Stellen markierend, die sie gerade las. Und ich las wieder mit, wiederholte laut lesend den gerade eben vorgelesenen Abschnitt ohne nennenswerte Fehler, wenn auch teilweise etwas stockend. Am Ende der Seite angekommen, blätterte sie das Buch um, aber statt, dass sie mir weiter vorlas, übernahm ich das Weiterlesen zu ihrer großen Überraschung, da sie nicht damit gerechnet hatte, dass ich plötzlich imstande war, einen noch nicht in bewährter Weise vorgelesenen Text ganz alleine lesen zu können.

Ich las auch die nächsten Abschnitte und Tante Helga schien aus dem Staunen nicht mehr herauszukommen, wie ich immer flüssiger, fast fehlerfrei aus dem Buch vorlesen konnte.

Die weiteren Tage übte sie mit mir das Lesen etwas eingehender, wobei sie jetzt mehr auf meine Aussprache und die richtige Betonung achtete. Den Rest des Buches las ich alleine zu Ende weiter und nahm auch bald darauf das nächste in die Hand.

Am darauf folgenden Montag ging ich, nachdem ich den Tatbestand des dreitägigen Fieberfreiseins erfüllt hatte, wieder in die Schule und erwartete ungeduldig die Deutschstunde. Froh darüber, endlich auch lesen zu können, war ich umso enttäuschter, dass in dieser Stunde gar nichts vorgelesen werden sollte, bis es eben eines Tages doch soweit war, und ich erinnere mich noch allzu gut an die erstaunten Gesichter meiner Klassenkameraden (und –innen…) sowie den anerkennenden Kommentar unserer Lehrerin und meines damit zusammenhängenden Gefühls einer tiefen Genugtuung, es allen gezeigt zu haben.

So begann für mich eine lange Zeit des Lesens, besonders an ungemütlichen Herbst- und Winternachmittagen. Ich las alle Bücher, die mir in die Finger kamen: Viele Geschichten von Enid Blyton, alle Karl-May-Bände, die bei uns im Umlauf waren und Bücher von (wahrscheinlich eher unbekannten) Autoren, deren Namen mir bis heute nicht mehr geläufig sind.

Später – ich besuchte schon die siebente Klasse der Oberschule – begann ich auch zu schreiben: Ich erfand einen Inspektor Dernier, der sich um ungelöste Kriminalfälle kümmerte oder erschuf einen Westernhelden namens Mace Callighan, der sich als Rächer ungesühnter Gräueltaten betätigte…

TROTZ DES BESCHRIEBENEN Alltags gab es doch auch immer wieder außergewöhnliche Ereignisse. So stand zum Beispiel immer schon im hinteren, kleineren Teil des Speisesaals ein Klavier, das hie und da auch mal bespielt wurde, hauptsächlich von einem ehemaligen, langjährigen Heiminsassen, der etliche Tage - nun auf der Erzieherseite stehend - im Heim bei allem Möglichen mit aushalf.

Anfangs von seinem Klavierspiel erst noch unberührt, entwickelte ich eines Tages doch eine gewisse Neugier, was wohl so passiert, wenn man die Tasten des Klaviers mit den Fingern herunterdrückte. Mein erster Versuch wurde sogleich unterbrochen mit dem von einer Ohrfeige begleiteten Hinweis, dass niemand etwas an diesem Klavier zu suchen hätte, der dazu nicht extra befugt sei.

Mich diesem unmissverständlichen Verbot widersetzend, saß ich bald wieder am Instrument und drückte zunächst noch ungeordnet wahllos irgendwelche Tasten, bis ich herausfand, welche zusammengespielten Töne einen eher harmonischen und welche gleichzeitig gedrückt einen recht unharmonischen Klang ergaben.

Wurde ich dabei erwischt, insbesondere von Thusnelda selbst, gab es neben der ihr wohl schon obligatorisch erscheinenden Ohrfeige auch noch eine zusätzliche Strafe, die aus Stubenarrest, Bade- oder Rodelverbot oder einer Sonderschicht Treppenhausreinigung bestehen konnte.

Dennoch wollte ihr reichhaltiges Sanktionsprogramm bei mir nicht fruchten, und eines Tages gab sie es auf, mich gewaltsam vom Klavier wegzuholen. Stattdessen traf sie eine völlig unkonventionelle Entscheidung und beschloss, für mich übers Jugendamt einen Klavierunterricht zu beantragen.

So geschah es, dass ich mich mit neun oder zehn Jahren tatsächlich erstmals (in einem Klassenraum der Lauenburgschule in Steglitz) bei einer Frau Keller zu meiner ersten Klavierstunde einfand. Frau Keller ihrerseits war eine Schülerin des damaligen unter Insidern bekannten Professors Günther Plagge, der unter anderem an der Hochschule für Musik (eine Abteilung der HdK (Hochschule der Künste)) lehrte.

So unterrichtete sie denn auch Klassisches Klavier, und ich lernte Notenlesen, anfängliche Übungsstücke (Etuden), viele Fingerübungen, bis hin zu den ersten kleineren Stückchen von Mozart, Bach und Beethoven.

Ich saß dann auch anfänglich fleißig am Klavier und übte Ton- um Tonleiter und einfache Lieder nach den vorgegebenen Noten. Nach und nach steigerten sich die Stückchen in ihrem Schwierigkeitsgrad, doch eines Tages bog ich plötzlich von dem vorgegebenen Kurs ab, begann damit, eigene Sachen zu kreieren, übte oft Dinge am Instrument, die mit dem Klavierunterricht an sich gar nichts mehr zu tun hatten.

Doch Frau Keller ließ nicht locker, bestand auf dem Einüben der von ihr ausgesuchten Stücke und quälte mich mit permanentem Durchzählen des Taktes: Ei-ne, zwei-e, drei-e, vier-e, dem ich mich aber innerlich stets verschloss. Ihre Hartnäckigkeit hatte immerhin zur Folge, dass ich nach knapp zwei Jahren Unterricht schon recht schwierige Stücke von Bach, Händel sowie Chopin aber auch von russischen Komponisten spielen, ja sogar vorspielen konnte, denn einmal jährlich veranstaltete sie einen Musikabend für die Eltern und sonstigen Angehörigen all ihrer Schüler (und -innen…) im Konzertsaal der Musikschule Steglitz, sozusagen meine ersten öffentlichen Auftritte vor Publikum…

Meine größte Kritikerin war Thusnelda persönlich insbesondere immer dann, wenn ich meine eigenen Sachen spielte. Sie fand sie stets zu traurig, nicht verstehend, dass gerade die traurigen Melodien und die in tiefstem Moll gehaltenen Akkorde meine sich im Geheimen entwickelnden Sehnsüchte verbargen.

Welche Sehnsüchte denn, mag man sich fragen in Anbetracht der doch noch recht glücklichen Umstände verglichen mit den ganz anderen äußeren Bedingungen anderer Heimkinder, die diese Heimunterkunft mit sich brachte?

Nun, ganz lapidar ausgedrückt: Die Sehnsucht nach Liebe und Geborgenheit, nach Zuwendung und Anerkennung, nach „väterlichem Rat" und mütterlicher Wärme… Insbesondere vermisste ich wohl meine Mutter, deren Nichtdasein mir gegenüber in der Zeit, da ich neun, zehn Jahre alt war, immer damit erklärt wurde, sie sei bei einem Autounfall ums Leben gekommen.

- Und warum werde ich dann nicht von meinem Vater abgeholt?
- Der kann dich im Augenblick nicht abholen, da er gar nicht in Berlin ist und man auch nicht weiß, wo er sich gerade aufhält, im Übrigen ist das alles auch besser so!

Und damit musste ich mich zufriedengeben und lange Zeit blieb das mir so Geschilderte auch die Realität, bis ich eben später von jener gewissen Elfriede die Wahrheit erfuhr – aber das ist eine andere Geschichte…

WIE SCHON ERWÄHNT war unsere „Erziehung" einer strengen (um nicht zu sagen einer fast schon dogmatischen) kirchlich-christlichen Prägung unterworfen. Man muss dazu sagen, dass die uns erziehenden Pädagogen offensichtlich auch daran zu glauben schienen, was sie uns tagtäglich predigten, wenngleich ihr Verhalten manches Mal im Widerspruch zu ihrer christlichen Überzeugung stand.

Aber man kann die Bibel natürlich, insbesondere die Texte des Neuen Testaments, immer wieder so auslegen, wie man sie eben gerade braucht. Wagten wir es gar, auf diese Widersprüche hinzuweisen, so schob zum Beispiel unser werter Herr Pastor alle dafür und dagegen sprechenden Argumente so lange hin und her, bis alles in sich wieder passte und der scheinbare Widerspruch eigentlich nur in unserem Irrglauben begründet liegen konnte.

Am liebsten zitierte er dabei Martin Luther, auf dessen protestantische Lehre sich diese Kirche ja beruft, der da zu seiner Zeit (spätes, auslaufendes Mittelalter (!)) zum Thema Erziehung unter anderem sagte: Neben dem Apfel liegt die Rute! In diesem Fall stellte die Rute eben Thusneldas körperliche Züchtigung dar, nur der Apfel - als Metapher einer Belohnung - blieb meistens aus!

Aber, damit wir auch bei allem, was so geschah, beim rechten Glauben blieben, unterrichtete uns der Herr Pastor höchst persönlich im Glauben und Denken der evangelisch-lutherischen Kirche. Er erschien dazu zweimal die Woche bei uns, und der hintere Teil des Speisesaals diente als Unterrichtsraum. Dazu wurde der sehr große, eigentlich schon antik wirkende, aus massivem schwarzen Holz mit einem kunstvoll verzierten Unterbau angefertigte Tisch, der gut Platz für sechzehn Personen bot, so weit wie möglich nach hinten verschoben, die große Schiebetür geschlossen und auf zwei davor platzierten Stuhlreihen, auf denen wir dann bis zu acht Kindern nebeneinander saßen, wurden wir maßgeblich im Katechismus des Dr. Martin Luther unterwiesen.

Dieser (Martin Luther...) hatte sich (neben seiner sicherlich anerkennungswerten Bibelübersetzung ins Deutsche) die Mühe gemacht, zu jedem der Zehn Gebote (die eigentlich unkommentiert schon für sich sprechen...) eine zusätzliche Erläuterung zu verfassen, die der Herr Pastor alle im Einzelnen mit uns durchkaute. Wir kauten so lange daran, bis wir die Texte (Gebote plus der entsprechenden Kommentare) auswendig konnten; allein, von ihnen nachts auch noch zu träumen, blieb uns glücklicherweise erspart!

Als ich mich eines Tages beim Abendessen im großen Speisesaal erdreistete, aus dem Katechismus einen Katascheißmuss zu machen (und dies unbedachterweise so laut aussprach, dass es einfach nicht zu überhören war), sah ich kurz darauf zum ersten Mal in meinem Leben tatsächlich die berühmten Sterne vor Augen, denn Thusnelda stand nur den Bruchteil einer Sekunde später hinter mir und wollte mir wohl aus dieser Position ins Gesicht schlagen, aber der Winkel ihres Schlagarms stand derart ungünstig zu meiner ihr abgewandten Gesichtshälfte, dass mich die Wucht ihres Schlages voll am rechten Auge traf. Sie zog mir den Stuhl unterm Hintern weg und schrie mich förmlich aus dem Raum.

Die Treppe hinaufstolpernd zu meinem Zimmer hörte ich sie mir noch hinterherrufen: Und ich rufe auf der Stelle Herrn Pastor an! Das Gekicher etlicher anderer Kinder aus dem Speisesaal hörte ich nicht mehr...

Einen Tag später erschien Pastor Hein, also unser werter Herr Pastor und erklärte mir (in seiner Eigenschaft als oberste Autoritätsperson), dass der geliebte Sohn unseres Herrn, Jesus Christus, sehr traurig über mein Verhalten sei und ob ich nicht wüsste, dass das schon einer Gotteslästerung gleichkäme und was ich denn zu tun gedenke, wieder in den Schoß seiner Gnade aufgenommen werden zu können und was überhaupt mit mir los sei, was ich mir denn nur denken würde bei alldem und dass das so absolut nicht weitergehen könne!

Ich stand nur da mit gesenktem Haupt und sprach kein Wort, zumal ich wirklich nicht in der Lage war, all seine Fragen zu beantworten - ich weiß nur noch, dass er ab diesem Tag kein Schreckgespenst mehr für mich darstellte, vor dem man Angst haben musste, wohl aber achtete ich künftig mehr darauf, mich nicht noch einmal einer dieser Sonderpredigten aussetzen zu müssen.

Nun, so denke ich, ist es wohl an der Zeit, eine vielleicht nicht ganz uninteressante Frage zu behandeln: Wie hat man sich eigentlich Schwester Thusnelda Granz vorzustellen?

Sie war im Prinzip ein Dragonerweib, sowohl in ihrem Wesen als auch in ihrer äußeren Erscheinungsform: Körperlich sehr robust gebaut und mit einem entsprechend großen Busen, stämmigen Beinen und

Oberarmen, ihrem lang zottelig ergrautem Haar, das sie stets zu einem unter ihrer Schwesternhaube verborgenen Dutt hochgebunden trug, fegte sie zumeist wie eine Furie durchs Haus, um die Kinder wie auch die Erwachsenen herumzustoßen, zu kommandieren oder auch zu sanktionieren.

Doch was sie auch machte, sie tat es mit großem Engagement und einer geradezu bewundernswerten Kondition, die sie ihrem um die fünfzig Jahre alten Körper abtrotzte. Wie schon erwähnt, begann der Tag für sie stets um sechs Uhr morgens und endete zumeist erst nach Mitternacht.

Natürlich nahm sie sich auch Zeit für gewisse Regenerierungsprogramme: So ging sie einmal wöchentlich im damaligen Stadtbad Zehlendorf zum Schwimmen und machte sich zweimal im Jahr zu einer Reise in ihr geliebtes Israel (das Gelobte Land) auf, von der sie dann bald an die tausende von Dias mitbrachte.

Sie kümmerte sich wirklich um Alles: Schrieb für jedes Kind (nicht zu vergessen: fünfzig an der Zahl) die für die jeweiligen Jugendämter fälligen Berichte oder telefonierte stundenlang mit Vormündern (oder Herrn Pastor...), verwaltete sämtliche Finanzen inclusive unserem Taschengeld, sorgte für die regelmäßige Beschaffung neuer Bekleidung, richtete für jedes Kind den Geburtstagstisch aus und zog – bewaffnet mit fünfzig verschiedenen Wunschzetteln - los, die Weihnachtsgeschenke für uns alle zu besorgen.

Sie organisierte und pflegte die unzähligen von den Amerikanern für uns ins Leben gerufenen Patenschaften, tauchte regelmäßig in unseren Schulen zu Gesprächen mit den jeweiligen Lehrern und Lehrerinnen bezüglich unserer Leistungen und unseres Verhaltens auf, durchkämmte alle halbe Jahre fünfzig handgeschriebene Zeugnisse, führte uns allsonntäglich zum Kirchgang zur gut drei Kilometer weit entfernt gelegenen Kirche, veranstaltete jedes Jahr in den Sommerferien eine Reise mit einer Gruppe von einundzwanzig Kindern auf ihre (zum Teil auch unsere) geliebte Burg Hohenzollern und wurde eben niemals müde, uns in dem einen wahren Glauben zu erziehen und... und... und... eben noch vieles mehr.

Sie war sehr aktiv, ohne Zweifel, doch mit einer Verbissenheit, die mal ein Lächeln oder gar ein Lachen vermissen ließ. Ihre Gesichtszüge wirkten eher versteinert denn entspannt; ihre schmalen Lippen und der oft verbiestert wirkende Gesichtsausdruck standen im klaren Widerspruch zu ihrer Rolle als Verkünderin der Frohen Botschaft.

Kurzum, sie war eine von uns wenig geliebte Person.

Ich erinnere mich noch recht deutlich an all jene Momente, da ich wieder mal Mist gebaut hatte: Dann pflegte sie - sofern ich nicht gerade greifbar in ihrer Nähe war - meinen Namen durchs ganze Haus zu brüllen: Detlef Öhlschläger, du kommst sofort in mein Büro! (Hörte ich ihren Ruf nicht sogleich, dann sagten mir andere Kinder Bescheid: Du sollst mal zur Thus - oder auch: Du sollst mal zur Dicken kommen.)

Spätestens ab diesen Momenten fing ich an, meinen Namen zu hassen und noch heute zucke ich innerlich jedes Mal zusammen, wenn mich jemand bei diesem Namen ruft oder - noch schlimmer – mich einfach nur Öhlschläger nennt.

Die zahlreichen Abwandlungen meines Namens gaben anderen Kindern denn auch immer wieder großen Anlass zur Heiterkeit: So wurde aus Öhlschläger oft Tennisschläger oder man fragte mich allzu oft: Na, schlägst du immer Öl?, wobei den Wenigsten dabei auffiel, dass sich in dem Wort Öhlschläger hinter dem Ö noch ein h befindet und es dadurch mit dem Wort Öl gar nichts zu tun hat. Aber, nun mal von dem Wort Öl abgeleitet, wurde man nicht müde, noch ganz andere Namensabwandlungen zu erfinden bis hin zu Benzinprügler oder gar Terpentinpeitscher.

Auf der Oberschule erhielt ich dann die letztendliche Verkürzung meines Namens: Ganz allgemein wurde ich von allen Öhli genannt und unter engeren Freunden verwandelte sich Öhli in ein warmherzigeres Öhlchen.

Wesentlich später - aber das ist nun auch wieder eine andere Geschichte - erfuhr ich von einem Namensvetter, der sich genau so schrieb wie ich, nämlich mit ÖHL, die Herkunft meines (bzw. unseres) Namens: Er ist abgeleitet von dem Begriff Uhlenschläger, dessen Herkunft sich wiederum auf die vor etlichen hundert Jahren entstandene Berufsgruppe der Eulenschläger bezieht. Zusätzlich erfuhr ich etwas über die Bedeutung meines Vornamens Detlef: Er stammt dem Urgermanischen ab und heißt übersetzt: Der Sohn des Volkes. Also bin ich namentlich Der Sohn des Volkes, dessen Vorfahren sich vor urlängster

Zeit als Eulenschläger betätigt haben, womit sich diese Leute auch immer berufsmäßig beschäftigt haben mögen...

Wie wurden unsere Feste gefeiert, Geburtstage und Weihnachten?

Die ersten Gedanken an Weihnachten mussten wir schon im August aufbringen. Wir saßen auf unseren Plätzen im Speisesaal und schrieben für unsere Paten in Amerika einen Weihnachtsgruß und sollten dazu möglichst auch noch ein kleines Bildchen malen. Jeder von uns hatte einen Paten, von dem wir aber nicht mehr wussten als seinen Namen und dass er eben irgendwo in Amerika lebte. Organisiert wurde das Ganze über die Kirche, die mit irgendeiner Church of soundso in Amerika in Verbindung stand.

So saßen wir denn mitten im Sommer über unsere Weihnachtsgrüße gebeugt, ganz und gar nicht sinnerfüllt von etwaigen Weihnachtsstimmungen, doch organisatorische und logistische Bedingungen erforderten den recht unplatzierten Termin des Sommermonats August, an dessen Nachmittag uns dummerweise auch die Möglichkeit des Badens in unserem geliebten Schwimmbad ungegönnt blieb.

Natürlich sollten wir nicht nur das Übliche wie „Ich wünsche Dir, lieber Soundso, ein recht frohes Weihnachtsfest…", sondern dem Ganzen eine individuellere Note verleihen, von uns selbst berichten, wie es uns so geht, was wir gerade machen, wie's in der Schule läuft und so weiter… Irgendjemand machte sich dann die Mühe, an die fünfzig solcher Briefe - in denen sich Dichtung und Wahrheit die Waage hielten - ins Englische zu übersetzen, bevor sie allesamt in die Weiten der USA verschickt wurden.

Wer von uns Glück hatte, der öffnete ein zusätzliches Päckchen zu Weihnachten oder fand sein Taschengeldkonto um fünf Dollar (das entsprach damaligen Zeiten ungefähr zwanzig Mark <!>) aufgebessert.

Überhaupt hatten wir es des Öfteren im Jahr mit den gerade bei uns in Dahlem, Zehlendorf und Lichterfelde stationierten Amerikanern zu tun: Im Sommer holten sie uns mit zwei, drei Armeebussen ab, um uns zum Besuch des Deutsch-Amerikanischen Volksfestes zu geleiten. Jeder von uns Kids bekam einen Soldaten an die Hand, der mit uns zunächst die auf dem Volksfest traditionell aufgebaute Westernstadt besuchte und uns mit Colts, Revolvergürteln und ähnlichem mehr ausstattete. Dann gab es die berühmten Hamburger (und die schmeckten wirklich toll!) und hinterher das berühmte amerikanische Ice-Cream. Anschließend fuhren sie mit uns alle Karussells: Geisterbahn, Kettenkarussell, Walzerbahn, natürlich Autoskooter und Achterbahn…

So nach drei, vier Stunden brachten sie uns mit ihren Bussen dann wieder nach Hause obwohl unser Haus Wartburg keine fünf Fahrminuten vom Hüttenweg, dem damaligen Ort des Volksfestes, entfernt lag.

Ein anderes Mal fuhren ihre Busse am sechsten Dezember, dem Tag des Nikolaus, vor, um uns in eine große Kaserne in der Finckensteinallee in Lichterfelde zu einer - amerikanisch gestalteten - Nikolausfeier einzuladen. Wieder gab es Unmengen von Ice-Cream, Cola und Hamburger, und alle Kids bekamen einen riesigen roten aus engmaschigen Plastiknetzen angefertigten Nikolausstrumpf, randgefüllt mit Süßigkeiten. Amerikanische Süßigkeiten mit uns bis dahin völlig unbekannten Bonbons, arg klebrigen puckähnlichen Lutschern bis hin zum berühmten Chewinggum, weiß und grün verpackt. (Der Rest des Jahres wurde durch eine regelrechte Kaugimmischwemme ausgefüllt; sie klebten unter den Stühlen, manchmal auch auf den Sitzflächen und unter den Esstischen…)

Doch zurück zur Weihnachtszeit: Jeden Samstag vor dem 1. Advent versammelten wir uns - nach der obligatorischen Mittagsruhe - um drei Uhr auf unseren Plätzen im Speisesaal, um unsere Wunschzettel für Weihnachten zu verfassen. Jedes Kind konnte drei Wünsche notieren, und die Aussicht, dass sie denn auch alle erfüllt würden, war dem jedem Kind zustehenden Budget von fünfzig Mark unterstellt.

Geschrieben wurde natürlich an den Weihnachtsmann, der, so hieß es, sich übrigens besonders darüber freuen würde, wenn man seine Wünsche nicht nur einfach aufschriebe, sondern vielleicht auch mit einem entsprechenden Bildnis untermalen könne. Leider hielt sich meine Kunstfertigkeit des Malens immer sehr in Grenzen, sodass ich stets nur einen Tannenzweig mit einer brennenden Kerze darauf zustande brachte und das auch nur, weil mir irgendwann einmal ein anderer Junge gezeigt hatte, wie man einen auf dem Blatt diagonal verlaufenden Tannenzweig malt.

Derweil wurde das gesamte Haus adventlich geschmückt: unzählige Tannenzweige in allen wichtigen Fenstern des Erdgeschosses, große Kerzen auf dem an der Stirnseite des Speisesaals stehenden massiven Sideboard (über dem ein großes Bild mit Motiven des Neuen Testaments hing), riesige, mindestens zehnfach gezackte von innen leuchtende Weihnachtssterne in den Fluren und Treppenhäusern, ein großer von der Decke herabhängender Adventskranz, Kerzen auf allen Tischen. ...

An den drei großen Fenstern des Speisesaals wurden auf einer gespannten Schnur fünfzig kleine in Weihnachtspapier verpackte Päckchen aufgereiht, unser Adventskalender, von dem sich jeden Tag ein anderes Kind (das die letzten Tage besonders „artig" war), ein Päckchen nach dem Frühstück abschneiden durfte. (Meistens war ich eins der letzten Kinder, das in diesen Genuss kam...)

Der 1. Advent war immer ein besonderer Tag. Nicht, weil es der 1. Advent war und damit offiziell den Beginn der gesamten Weihnachtszeit bedeutete, sondern weil er die Woche zwischen dem 1. und 2. Adventssonntag einläutete und an diesem 2. Adventssonntag immer unser sogenanntes Jahresfest veranstaltet wurde.

Nach einer kleinen Adventsfeier am 1. Adventssonntag (also einer speziellen Sonderandacht) wurde das Haus im Erdgeschoss und Keller total umgebaut: Der große massive Tisch des kleinen hinteren Speisesaals wurde jetzt auf dem Flur aufgebaut, das Klavier fand seinen neuen Platz an der Längswand des großen Speisesaals, die Seitentür dieses Raumes wurde ausgehängt, und im Keller dienten nun zusätzlich aufgebaute Tische als Ersatz zum Einnehmen von Frühstücks-, Mittags- und Abendbrotmahlzeiten.

Dann ging es auf den vorhin beschriebenen Dachboden und nun galt es, große einst selbst hergestellte Bühnenunterbauteile, jedes ein auf zwei Meter groß, bestehend aus zusammengeleimten und genagelten Dachbalkenbrettern mit einem vielleicht fünfzig Zentimeter hohen gestellartigen Unterbau, vom Dachboden in den kleineren hinteren Speisesaal zu befördern. Sechs Stück an der Zahl dienten sie als Bühnenboden, an deren Längsseiten und hinteren Querseiten ein gut zwei Meter hohes Bühnengestell angebracht wurde, an dem wiederum später auf Packpapier bemalte Kulissen aufgehängt werden konnten. Für die Frontseite diente die große Schiebetür sozusagen als aufgehender und sich schließender Vorhang.

Auf dieser Bühne sollten dann zum Festtag zwei Theaterstücke gespielt werden: eins in moderner Zeit spielend mit einem an die Weihnachtsgeschichte (des Neuen Testaments) angelehnten Thema, gefolgt von einem heiteren, lustigen Weihnachtsstück mit einem Weihnachts-

oder auch Nikolausmann, Wichteln, Zwergen und vielem anderen mehr...

Rollenverteilung und regelmäßige Proben zu diesen Stücken begannen natürlich schon wesentlich eher, Ende September, spätestens Anfang Oktober und auch hier ließ es sich Thusnelda nicht nehmen, sowohl die federführende Organisation als auch die Regie selbst zu übernehmen! Ich sagte ja schon... was sie auch machte, sie tat es mit großem Ehrgeiz und Engagement und im Nachhinein betrachtet muss ich sagen, dass sie durchaus etwas von Regieführung verstand und mit uns stets beim Publikum beliebte Aufführungen inszenierte.

Wir gingen mit diesen Stücken während der Weihnachtszeit sogar auf Tournee, spielten vor anderen Kirchengemeinden und waren sogar einmal zu Gast in der Strafanstalt Tegel, und selbst die dort inhaftierten Zuschauer konnten sich eines gewissen Beifallsturms nicht enthalten (wenngleich ich mich noch an die Tatsache erinnere, dass ich nicht nur das übliche normale Lampenfieber vor dem Vorstellungsbeginn spürte, sondern mir regelrecht die Muffe ging, sodass ich mich fast gar nicht auf die Bühne hinauszutreten getraute ...).

In den ersten Jahren dieses Jahresfestes bekam ich immer nur kleinere Rollen, spielte mal einen Wichtel oder einen Zwerg, doch wurde Thusnelda eines Tages bei den Proben dadurch auf mich aufmerksam, dass ich auch die Texte aller anderen Rollen auswendig im Kopf hatte und mich des Öfteren als Souffleur auf der Bühne für all diejenigen betätigte, die ständig mit ihren Texthängern zu tun hatten. Irgendwie fiel ihr wohl auch meine Spielfreudigkeit sowie meine Art, mich auf der Bühne zu bewegen, auf, sodass sie mir im nächsten Jahr schon eine größere Rolle zuschrieb; ab dem darauf folgenden Jahr spielte ich dann stets - in beiden Stücken - jeweils die Hauptrolle.

Zum Jahresfest durfte sich jedes Kind zwei Erwachsene seiner Wahl einladen, Freunde, Eltern oder auch andere Angehörige, sofern es diese noch gab.

Für diesen Tag wurde das zweite Stockwerk des Hauses, unsere Spieletage, in einer logistischen Meisterleistung zu einem Riesencafé umgestaltet: Große mit weißen Tischtüchern, Adventsschmuck, Kerzen und Cafégeschirr ausgestatte Tische boten auf dem großen Flur und den drei Räumen dieser Etage Platz für alle (zirka hundert bis einhundertzwanzig) geladenen Gäste nebst uns fünfzig Kindern, um gemeinsam selbst gebackenen Stollenkuchen, mit Tee und Kaffee serviert, zu verzehren.

Auf dem großen schwarzen Tisch des kleinen Speisesaals, jetzt im Flur des Erdgeschosses an die Wand geschoben, konnte man die von uns zuvor (teilweise) selbst gebastelten und zu einer Art Tombola aufgebauten Weihnachtsartikel bewundern und während der großen Kaffeezeit die dafür zum Kauf angebotenen Lose erwerben. (Auch ich verkaufte später oft die Lose, als ich das dafür vorgesehene Alter von vierzehn Jahren erreicht hatte.)

So gegen vier Uhr nachmittags begannen die Vorstellungen, die mit einer Art Adventsfeierlichkeit ihren Auftakt nahmen, dergestalt, dass etwa zehn Kinder in weißen (aus Bettlaken angefertigten) Gewändern und mit leuchtenden Kerzen in den Händen, ein Adventslied singend, das von der Frau des Herrn Pastor am Klavier begleitet wurde, vor der (noch geschlossenen) Schiebetür Einzug hielten.

Weitere Weihnachtsgedichte und –lieder folgten und natürlich durfte eine Ansprache des Herrn Pastor dazu nicht fehlen.

Oft beobachtete ich dabei dann verschiedene Gesichter im Publikum, und mir war, als könnten viele von ihnen mit diesen Worten (des Herrn Pastor) nichts so Rechtes anfangen; etliche Kinder von uns, in weiße Bettlaken gehüllt und mit tropfenden Kerzen in der Hand, eng beieinander stehend, die währenddessen vor der berühmten Schiebetür ausharren mussten, schauten beschämt zu Boden oder versuchten anderweitig, sich das Gefühl der Peinlichkeit nicht anmerken zu lassen.

Dennoch trübte es nicht die Gesamtstimmung, die sich - jedenfalls für mich - durch eine exaltierte Lebendigkeit auszeichnete. Durchs ganze Haus hindurch zogen bald an die hundertfünfzig Menschen, alle Flure und Räume waren erfüllt vom Klang unzähliger Stimmen, hier und da mal ein lautes Lachen vermischt mit dem Geklapper von Kaffeegeschirr und dem Hin- und Herrücken von Stühlen verliehen dem Ganzen einen Glanz und ein Flair, das fast dem einer großen Ballveranstaltung glich. Das Echo davon klang noch lange in mir nach.

Mit einem weiteren vom Klavier begleiteten Adventslied (und bedrohlich in der Hand heruntergebrannten Kerzen) verabschiedete sich die weiße Engelschar, und schließlich öffnete sich der Vorhang (die weiße Schiebetür) zur Vorstellung des ersten Stücks, meist dargestellt von den Großen, gefolgt vom zweiten, lustigeren Stück, mit dem sich die Kleineren auf den Brettern, die die Welt bedeuten in ersten Schauspielkünsten erproben und beweisen konnten.

Den Ausklang des Jahresfestes bestritten Kinder und Erwachsene im Erstürmen des Tombolatisches und des sich voneinander Verabschiedens.

Das ganze Haus befand sich in Aufruhr; Mäntel, Hüte und Jacken wurden von den mannigfaltig vorhandenen Garderobenständern gereicht, Kinder wie Erwachsene liefen geschäftig hin und her, im engen Treppenhaus musste man höllisch aufpassen, nicht mit irgendjemanden zusammenzustoßen.

Nach und nach leerte sich das Haus. Gruppe 1 versammelte sich zu einer kleinen Abendbrotmahlzeit, während Gruppe 2 und die Großen bereits mit den unzähligen notwendigen Aufräumarbeiten begannen, die, da gut dreißig Hände mit anpackten, nach bald zwei Stunden als erledigt betrachtet werden konnten und der Tag des Jahresfestes am späten Abend seinen Abschluss fand.

Während der restlichen Adventszeit blieb das Haus im Erdgeschoss und auch im Keller weiterhin so umgebaut wie beschrieben, da der Speisesaal bereits für den bevorstehenden Weihnachtsabend hergerichtet wurde und für uns Kinder zu betreten nun absolut tabu war.

Zwischen dem 2. und 3. Adventssonntag wurde die im kleineren Speisesaal der Großen aufgebaute Bühne nach und nach wieder in ihre Einzelteile zerlegt und zurück auf den Dachboden befördert, nachdem sie allerdings noch für einen letzten großen Auftritt, das Erscheinen des Nikolaus' (den ich als 18-jähriger auch einmal abgeben musste...), zur Verfügung stand.

So fieberten wir - zumindest als wir noch kleiner waren - dem großen Weihnachtsereignis, dem Heiligen Abend, entgegen, begleitet von gemischten Gefühlen, inwieweit sich unsere aufgeschriebenen Wünsche denn auch erfüllen würden, was vom Paten aus Amerika zu erwarten war und wie wir wohl das dazugehörige Zeremoniell überstehen würden.

Das begann stets um drei Uhr nach der obligatorischen Mittagsruhe. Zuvor war für jeden von uns festliche Kleidung herausgelegt worden und so standen wir mit gebügelten Hosen und weißen Hemden bekleidet an den Türen unserer Schlafzimmer, bis wir die lieblichen Stimmen

Thusneldas und des Herrn Pastor vernahmen, die da das Lied: Macht hoch die Tür, die To-or macht weit… anstimmten.

Herr Pastor – im schwarzen Pfarrerstalar – marschierte singend die Treppe hinunter, vorneweg gefolgt von unserer singenden Thusnelda mit uns mehr oder weniger singenden Kindern in ihrem Schlepptau bis hinein in die für fünfzig Kinder hergerichtete Weihnachtsstube.

Die sonst in einer großen U-Form angelegten acht Esstische waren nun alle an die Wand geschoben und mit weißen Tüchern abgedeckt, hie und da stach etwas Spitzes oder Kantiges nach oben hervor, was die freudige Erwartung mancher Kinder zu flammender Neugierde explodieren ließ.

Doch zunächst hieß es, auf den auf der Restfläche des Speisesaals aufgebauten Stühlen Platz zu nehmen, um der vom Herrn Pastor zelebrierten Weihnachtsandacht zu folgen. Die gestaltete sich im weiteren Singen von Weihnachtsliedern wie: Vom Himmel hoch da komm ich her oder Komme-et i-ihr Hirten…, so kommet doch all… bis hin zum Aufsagen der (biblischen) Weihnachtsgeschichte, dem nochmals deutlichen Verkünden der Frohen Botschaft, verbunden mit dem mahnenden Hinweis, dass nicht die Geschenke sondern die Geburt des Erlösers, Jesus Christus, zu Weihnachten das Wichtigste sei!

Der in der hinteren linken Ecke des kleinen Speisesaals hoch aufgerichtete mit echten Kerzen, Lametta, Engeln, Äpfeln und Nüssen und allerlei mehr geschmückte Weihnachtsbaum (als ursprüngliches Symbol eines Lebensbaumes…) mit einer aus Holz geschnitzten Krippe samt aller dazugehörigen Figuren darunter sollte die feierliche Stimmung des Weihnachtsfestes entsprechend untermalen.

Irgendwann war es dann endlich mal soweit und der Tumult der offiziellen Bescherung begann: Die weißen Tücher auf den Gabentischen wurden entfernt und zusammengelegt, Kinder sprangen in freudiger Erregung von ihren Stühlen auf, Thusnelda und ihre Erziehermannschaft führten uns an die entsprechende Stelle der nebeneinander etwa einen halben Meter breit liegenden Plätze, die mit einem Bunten Teller (mit unseren Namensschildern darauf) und in Weihnachtspapier eingewickelten Geschenken bestückt waren.

Unter den Tischen fanden manche Kinder größere Pakete - Geschenke ihrer Eltern, Verwandten oder ihrer Paten aus Amerika. So waren denn auch alle während der nächsten halben Stunde mit dem Auspacken der Geschenke beschäftigt, und Thusnelda - tatsächlich so gut wie alle zuvor notierten Geschenkewünsche aller fünfzig Kinder im Kopf parat habend (!) – schaute bei jedem von uns vorbei, um Enttäuschungen wegen nicht erfüllter Wünsche zu besänftigen oder auch die Freude wegen erfüllter Wünsche zu teilen.

Nach und nach beruhigte sich das ganze Bescherungszeremoniell; etliche Kinder zogen sich zurück, um ihr neu erhaltenes Spielzeug auszuprobieren, andere machten sich bereit, ihre zum Teil noch vorhandenen Eltern zu besuchen, wieder andere hatten die Möglichkeit, weiteren Verwandten oder auch ihren Pateneltern einen Besuch abzustatten.

Für alle übrigen (zwanzig bis dreißig Kinder) daheim gebliebenen begann der gemütlichere Teil des Abends: Man versammelte sich im kleineren Speisesaal (nahe dem großen Weihnachtsbaum), spielte teilweise mit seinen gerade frisch ausgepackten Geschenken oder tat sich mit anderen zusammen, um die der Allgemeinheit zugegangen (Gesellschafts-)spiele aufzubauen und damit zu spielen.

Zwischendurch gab es ein als kleines Buffet zurecht gemachtes Abendessen und so gegen zehn, halb elf ging es dann ins Bett.

Die Feiertage begannen natürlich mit einem Kirchgang, einem anschließenden Sonntagsessen, und am Nachmittag wurde im Haus gespielt, oder es wurde vorgelesen oder wir konnten Schallplatten hören - es gab eine kleine Kuchentafel, dann wieder eine Abendandacht unterm Weihnachtsbaum, Abendessen, noch ein bisschen spielen, dann wieder ins Bett, dann vor dem Frühstück wieder eine Andacht, anschließend in die Kirche zum Festgottesdienst des zweiten Weihnachtstages, um ja die Frohe Botschaft auch nicht zu vergessen, Mittagessen, dann wieder... und wieder... und schließlich war dann auch Weihnachten endlich vorbei, das Haus füllte sich wieder mit allen Kindern, auch mit denen, die über Nacht bei ihren Familien (bzw. den übriggebliebenen Resten davon) verbracht hatten und nun teilweise stolz ihre mitgebrachten Geschenke herumzeigten oder eben... zum Tausch anboten.

Es folgte die Zeit zwischen den Jahren, in der eigentlich nichts Wesentliches geschah.

Irgendwie erscheint es mir heute, dass sich die Winter während meiner Kindheit doch wesentlich schneereicher präsentierten als in all den letzten Jahren, sodass wir fast täglich mit den Schlitten unterwegs waren, entweder in besagtem Schwarzen Grund oder eben auch im sozusagen vor unserer Haustür liegenden Grunewald, dessen im Winter zugefrorener See uns oft genug dazu einlud, Weltrekorde im Errichten von Schlitterbahnen aufzustellen – über Schlittschuhe verfügten wir leider nicht, und als ich das erste Mal überhaupt in meinem Leben versuchte, auf solchen Kufen untersetzten Schuhen irgendwie übers Eis zu kommen, ohne sich gleich das Steißbein zu brechen, arbeitete ich bereits als Erzieher in der Richter'schen Stiftung - aber das ist natürlich auch wieder eine andere Geschichte...

Last not least... begann der Silvesterabend - der Leser darf gerne dreimal raten - mit einem Kirchgang zum Jahresabschlussgottesdienst. (Hätte das Gebäude der Kirche über genügend Übernachtungsmöglichkeiten verfügt, wir hätten sie genutzt, nur, um nicht den drei Kilometer weiten Weg nach Hause abends noch bei Nacht und Nebel zurück und am nächsten Morgen zum (obligatorischen) Neujahrsgottesdienst wieder hinlaufen zu müssen!)

Doch wieder zu Hause angekommen, gab es dann ein kleines Nachtmahl, Pfannkuchen und heißen Punsch, Kinderpunsch natürlich! Man saß beieinander mit Gesellschafts- und Kartenspielen, und alle durften so lange aufbleiben wie sie wollten, wer durchhielt, dann eben auch bis Mitternacht.

Punkt zwölf Uhr konnte man dann den entsprechenden Glockenschlag des Rathaus' Schöneberg (des damaligen Regierungssitzes des Berliner Senats) im laut aufgedrehten Radio hören, um das wir alle mit angezündeten Wunderkerzen mehr oder weniger ehrfurchtsvoll herumstanden. Irgendwelche Knaller und Raketen gab es natürlich nicht!

Hie und da trieb jemand immerhin ein paar Zündplätzchen auf, die schon am Nachmittag - im Treppenhaus, da wenigstens da das Echo des Knalls ein wenig verstärkt wurde - ausprobiert wurden, sehr zum Ärger von Thusnelda, die diese heidnische Art des Jahreswechsels natürlich verpönte und jeden, den sie dabei erwischte, mit dem Ausschluss vom übrigen Abendprogramm bestrafte.

Das endgültige Ende eines jeden Weihnachtsfestes bedeutete der 6. Januar, der Tag des Epiphaniasfestes, besser bekannt als der Tag der Heiligen drei Könige. Der Weihnachtsbaum sowie das gesamte Haus wurden abgeschmückt, alle Weihnachtsdekorationen wieder auf den großen Dachboden verfrachtet, großer und kleiner Speisesaal wurden wieder den alltäglichen Bestimmungen übergeben und in den Normalzustand zurückversetzt.

So gestalteten sich Weihnachten und Silvester Jahr für Jahr gleich und wurden erst später, mit zunehmenden Alter, etwas anders für mich. Nicht, dass ich nicht auch weiterhin dem beschriebenen Zeremoniell beiwohnen musste, aber so bot sich mir irgendwann doch die Möglichkeit, die Feiertage außerhalb des Heimes – auch über Nacht - zu verleben

Eines Tages erschien bei uns eine Frau mittleren Alters (vermittelt über unsere Kirche…) und bat Thusnelda darum, für zwei Kinder eine Art Patenschaft übernehmen zu dürfen. Ihrem Wunsch wurde entsprochen, und so fiel die Wahl auf einen Jungen namens Michael und auf mich. Zunächst begann es damit, dass sie uns sonntags nach dem Mittagessen abholte, um mit uns irgendetwas zu unternehmen.

So ging sie zum Beispiel mit uns im Sommer Eis essen (bei Eis Hennig auf dem Steglitzer Damm, den es an gleicher Stelle übrigens heute noch gibt) oder sie lud uns zu einer Partie Minigolfspielen ein. Später besuchte sie mit uns viele Veranstaltungen: Wir sahen Peterchens Mondfahrt im Titaniapalast, Hänsel und Gretel als Oper im Freilichttheater der Neuköllner Hasenheide, oder sie ging mit uns auf den Rummel des Oktoberfestes sowie auf den damals noch in den Messehallen unter dem Funkturm aufgebauten Weihnachtsmarkt und vieles andere mehr…

Sie bewohnte schon seit etlichen Jahren eine Zweizimmerwohnung in einem Wohnblock (errichtet im typischen Baustil des Sozialen Wohnungsbau der späteren 50ger Jahre) nahe dem S-Bahnhof Attilastraße in einer kleinen parallel zum Steglitzer Damm verlaufenden Seitenstraße. Dort lebte sie - aufgrund ihrer zwei, drei Jahre zurückliegenden Scheidung von ihrem Mann – alleine und arbeitete als Chemie-Laborantin bei der Firma Schering. Ihr Name war übrigens - aber dem maß ich damals schon wie heute - keine Bedeutung bei, Elfriede, und sie avancierte im Laufe der Zeit zu unserer offiziellen Nenntante. Der Kontakt entwickelte sich zu einer steten sonntäglichen Regelmäßigkeit, sodass wir auch bald das gesamte Wochenende bei ihr zu Hause verbringen konnten. So denn eben auch irgendwann zu Weihnachten…

Die oftmals knackig kalten und schneereichen Wintermonate des Januar, Februar bis hinein in den März plätscherten so in ihrem bereits beschriebenen Alltag dahin, und in Erwartung eines bald nahenden Frühlings ging es der Osterzeit entgegen, die für uns von der religiös geprägten und zelebrierten Passionszeit – Jesu Leidenszeit über sechs Wochen verteilt - bestimmt wurde. Die (wahrscheinlich nur den in ausgemachter Bibelkunde Geschulten bekannten) berühmten sechs Sonntage konnten wir anhand eines Merkspruchs auswendig daher sagen: **In Rechter Ordnung Lerne Jesu Passion.** Die Namen der Sonntage sind dem Lateinischen entnommen und beziehen sich auf bestimmte Psalmen des Neuen Testaments, wobei das I für Invokavit („rufen"), das R für Reminiscere („gedenken"), das O für Okuli („Augen"), das L für Laetare („freuen"), das J für Judika („Recht schaffen", „richten") und schließlich das P für Palmarum (Palmsonntag) steht.

Sicherlich waren diese Feste von äußerster kirchlicher Prägung gezeichnet, dennoch kam wohl auch Thusnelda nicht drum herum, uns die weltlichen Vertreter dieser Anlässe zu präsentieren: Nikolaus, Weihnachtsmann und auch der Osterhase traten in Erscheinung, um uns mit den entsprechenden Genüssen der jeweiligen Feste zu beglücken.

So auch zu Ostern, und unsere Osternester suchten wir - je nach Wetterlage – entweder im Haus oder - was die Suche natürlich weitläufiger machte - draußen rund ums Haus oder gar in dem eigentlich zu betreten verbotenen Wäldchen.

Geburtstage? Irgendwie hatte in jedem Monat - was Wunder bei fünfzig Kindern einer von uns Geburtstag, manchmal sogar zwei oder auch drei Kinder innerhalb eines Monats... Dazu wurde dann immer der unter dem großen Rundbogenfenster des Erdgeschossflures stehende kleine runde Tisch zum Geburtstagstisch hergerichtet: Ein verpacktes Geschenk, eine brennende Kerze und eine aus Bonbons gestaltete Zahl des jeweiligen Geburtstages, dazu die Geburtstagspost, sofern man denn welche erhielt...

Der Rest von uns Kindern stand in einem großen Halbkreis formiert vor dem Geburtstagstisch, und das Geburtstagskind durfte sich ein Lied wünschen, das zu seinen Ehren gesungen werden sollte, natürlich aus dem Repertoire der uns bekannten Kirchenlieder, gefolgt von „Hoch soll er leben... dreimal HOCH, HOCH...", wobei er dann tatsächlich von zwei starken Armen der Großen an den Ellbogen seiner angewinkelten Arme dreimal in die Höhe gehoben wurde.

Am Nachmittag gab es dann eine kleine Geburtstagsfeier mit den vom Geburtstagskind dazu eingeladenen Kindern; es gab jede Menge Süßigkeiten, allerlei Spiele wie Topfschlagen, Blinde Kuh, Wachhund, gegenseitiges Pudding füttern mit verbundenen Augen und ähnliches mehr..., alles Spiele, die auch zu anderen Anlässen – wie zum Beispiel Fasching – regelmäßig einen Großteil der Veranstaltung ausfüllten.

So wuchs ich weiterhin heran, wurde älter und größer; auf einen (eigentlich immer viel zu schnell) vergangenen Sommer folgte der Herbst (mit seinen Herbstferien, zu denen es damals übrigens immer die Halbjahreszeugnisse sowie zu den Weihnachtsferien die sogenannten Blauen Briefe gab), dem sich Winter und Frühling und schließlich wieder der nächste Sommer anschlossen.

Bereits ab meinem zehnten Lebensjahr begann ich nebenher zu arbeiten, um mein nicht gerade üppig ausgestattetes Taschengeld aufzubessern. Mein erster Job bestand darin, einer älteren Dame, die alleinstehend eine große Villa in unserer Nähe bewohnte, ihre diversen in der gesamten Villa verteilten Blumentöpfe mit Wasser zu versorgen und mich im Sommer um das Grab ihrer Eltern auf dem Friedhof der Alten Dorfkirche Dahlem zu kümmern.

Ein anderes Mal erhielt ich eine kleine Aushilfstätigkeit im Geschäftsviertel gegenüber dem Arndt-Gymnasium, das aus einem kleinen Tante-Emma-Laden, einem Schuster und einer kleinen Drogerie bestand. In der Drogerie gehörte es zu meinen Aufgaben, aus dem Keller Artikel wie Klopapier und ähnliches mehr ins Geschäft hochzuholen und die im hinteren Eck des Ladens von den Kunden eingerissenen Verkaufslücken wieder aufzufüllen. Stolz steckte ich meinen hart erarbeiteten Lohn von ganzen zwei Mark am Wochenende in die Tasche, nur um es sofort im Süßigkeitenladen nebenan ums Eck herum gleich wieder auszugeben…

Dann schließlich – ich muss schon zwölf oder dreizehn Jahre alt gewesen sein – fuhr ich für die Dahlemer Bücherstube Fachliteratur an die verschiedensten alle zur FU gehörenden Institute in unserem Bezirk mit dem Fahrrad aus, wobei ich das dabei verdiente Geld nicht gleich wieder in die begehrten Süßigkeiten umsetzte sondern es als Sparfonds meinem Taschengeldkonto zuordnete, um mir in absehbarer Zeit ein eigenes Fahrrad (denn bis dahin fuhr ich nur das mir von der Bücherstube zur Verfügung gestellte Rad) zulegen zu können.

Wie kam ich überhaupt zum Radfahren? Eines Tages wurde ein neuer Junge bei uns aufgenommen; er hieß Juris und stammte aus der Hauptstadt Lettlands, Riga. Seine Familie wurde in den Wirren der Nachkriegsjahre von dort vertrieben, aber ich weiß nicht mehr, welcher Schicksalsschlag genau ihn ins Kinderheim verschlug.

Jedenfalls wurden wir beide ziemlich schnell Freunde, schliefen im gleichen Zimmer als Bettnachbarn und besuchten in der Grundschule die gleiche Klasse. Auch trotz des Umstands, dass wir uns beide in das gleiche Mädchen verliebt hatten, blieben wir dennoch Freunde und verbrachten viel Zeit miteinander, spielten viel zusammen, erzählten uns von unseren Träumen und offenbarten uns gegenseitig unsere geheimsten Wünsche. Für die Abend- und Nachstunden erfanden wir ein Spiel, sich gegenseitig zu kraulen. Dazu steckten wir unsere Köpfe aus dem Bett zueinander hin und zählten, während man dem anderen den Kopf kraulte, im Geiste bis zwanzig – anschließend wurde gewechselt. Irgendwann erschien uns das Zählen bis zwanzig viel zu kurz, sodass wir es auf fünfzig verlängerten und später sogar die ganze Sache bis auf hundert erhöhten... Weiter gingen wir nicht!

Eines Tages, wir waren vielleicht acht oder neun Jahre alt, beschlossen wir, nach der Schule nicht mehr ins Heim zurückzukehren sondern stattdessen unser Heil in der (freien) weiten Welt zu suchen, frei und unabhängig unser Leben zu gestalten. Morgens hatten wir uns heimlich mit so viel Schulbroten wie nur möglich eingedeckt, um genügend Proviant für die nächsten drei, vier Tage vorrätig zu haben - zu trinken, dachten wir, würden wir unterwegs genügend Wasser finden, denn es gab an unzähligen Stellen diese wunderbaren Altberliner Brunnen mit ihren lang geschwungenen Hebeln zum Heraufpumpen des Wassers...

Das Wetter brauchten wir nicht zu fürchten - uns umgaben ruhige, warme Frühlingstage, und so machten wir uns nach Schulschluss auf, unsere - eigentlich nicht weiter ausführlich geplante - Flucht in Angriff zu nehmen.

Unser Weg führte uns zunächst am U-Bahnhof Dahlem Dorf vorbei, und dort schaute ich kurz ins Fahrkartenverkaufshäuschen, ob ich unter Umständen meine "Mutter", jene zuletzt mit meinem Vater verheiratete Eva, anträfe. Das tat ich des Öfteren, da sie doch immer wieder mal an dieser Stelle zum Dienst eingeteilt war - heute aber leider nicht. Im Nachhinein betrachtet ist mir, als wäre es ihr immer peinlich gewesen, dass wir uns so unverhofft begegneten, da sie es doch war, die mich ins Heim brachte.

So war sie denn auch immer sehr nett zu mir, steckte mir ein oder zwei Mark zu, damit ich mir am gleich neben dem U-Bahnhofseingang gelegenen Kiosk Süßigkeiten kaufen konnte - möglich, dass sie damit ihr vielleicht empfundenes schlechtes Gewissen abmildern wollte.

Wir schlenderten entlang der U-Bahntrasse die Brümmerstraße hoch, ließen die kleinen Geschäfte an der Ecke zur Thielallee (eins davon war unser Friseur, den wir regelmäßig einmal im Monat aufsuchen mussten) sowie die große Villa des Capitols (jenes kleine urtümliche Studentenkino, das es heute tatsächlich in nahezu unveränderter Form immer noch gibt genau wie sein Pendant, das Bali-Kino am S-Bahnhof Zehlendorf...) links liegen und wanderten einfach aufs Geratewohl auf Haupt- und Nebenstraßen so vor uns hin, vorbei am U-Bahnhof Thielplatz, dem gegenüber sich ein größerer Park (der Thielpark) erstreckte. Dort ließen wir uns auf einer Parkbank nieder und machten uns über unsere noch verbliebenen Schulbrote her, deren Vorräte doch allzu schnell derart dahinschwanden, dass wir nach Verspeisen auch des letzten Brotes noch ein Resthungergefühl verspürten.

Also pumpten wir unsere Mägen am nächsten Brunnen mit Wasser voll und zogen erst mal weiter, nun doch schon plan- und zielloser als zu Beginn unseres Abenteuers, in der großen weiten Welt Glück und Freiheit zu finden... Etliche Stunden später nutzte auch das viele Wassertrinken nichts mehr, das immer wieder aufkommende Hungergefühl im Magen zu beruhigen, doch unsere Vorräte waren schon lange erschöpft.

Als wir den Park verlassen hatten, verirrten wir uns vollends im Labyrinth der dort angelegten zahlreichen Seitenstraßen und verloren gänzlich die Orientierung, bis wir schließlich... auf einem großen Damm landeten, der mir doch irgendwie bekannt vorkam: Es war der Teltower Damm in Zehlendorf, und ich erinnerte mich sofort meiner damaligen Ankunft aus Amrum, allein der Weg nach Hause war weder mir noch Juris bekannt. So standen wir denn auch etwas hilflos und verloren inmitten dieser großen Verkehrsstraße, unschlüssig darüber, wie es wohl nun weitergehen sollte.

Wir fühlten uns hungrig, müde und auch etwas zerschlagen - die wärmende Kraft der Frühjahrssonne hatte uns schon seit gut einer halben Stunde verlassen, nicht ohne uns vorher zu zeigen, welch überragend farbenprächtige Bilder sie bei ihrem Verschwinden hinter dem Horizont zu zeichnen imstande war.

Zwischen Juris und mir herrschte fast ein stummes Einvernehmen darüber, welchen Weg wir zu nehmen hatten, denn wir hatten wohl einen wichtigen Bestandteil bei der "Planung" unserer Flucht vergessen: Wo sollten wir eigentlich schlafen?!

Also fragten wir einen älteren Herrn, der uns in dieser Situation vertrauenerweckend genug erschien, ob er die Königin-Luise-Straße kenne und ob er uns wohl sagen könne, in welcher Richtung sie läge. Er sah uns von oben bis unten herab an und stutzte leicht ob unserer Aufmachung: Die Schulranzen noch auf dem Rücken und für diese Tageszeit eines kühlen Frühlingsabends mit nur recht windigen Jacken ausgestattet.

- Was wir denn um diese Zeit hier noch machen würden, wir hätten uns wohl verlaufen… Wir stimmten dem zu, froh darüber, ihm eine plausible Erklärung für die vorliegend ungewöhnlichen Umstände damit zu liefern. Da zeigte er mit ausgestrecktem Arm Richtung Norden, erklärte uns, es ginge immer die Clayallee hinauf, es sei aber zu Fuß ziemlich weit, wir nähmen wohl doch lieber den Bus…

- Ja, das würden wir auch machen, antworteten wir und hatten natürlich keine vierzig Pfennige (denn zwanzig Pfennig hätte ein Fahrschein gekostet) bei uns. Also machten wir uns auf, den vor uns liegenden von ihm beschriebenen Weg zu beschreiten, von dem wir keine Ahnung hatten, wie lang er wohl sein mochte.

Und er war sehr lang, unsere Beine wurden von dem vielen Laufen immer schwerer, doch statt aufzugeben, machten wir uns gegenseitig Mut, munterten uns damit auf, dass wir ganz bestimmt hinter der nächsten Ampel die uns bekannte Kreuzung erblicken würden, von der es nach links in den Grunewald und rechtsherum nach Hause nur noch die letzten zwanzig Schritte ging.

Erleichtert atmeten wir auf, als wir tatsächlich eine Gegend erreichten, die wir von den Ausflügen zum Deutsch-Amerikanischen Volksfest her erkannten: den berühmten Hüttenweg, der von uns allgemein Panzerstraße genannt wurde, da die amerikanische Panzerbrigade mindestens vier, fünf Mal im Jahr mit ihren riesigen, fast unmenschlich lauten Panzern aus ihrem Depot nahe dem Ende des Grunewaldsees diesen Hüttenweg und die Clayallee hinauf Richtung Roseneck zu einem Manöver entlangfuhren, besser gesagt: entlangrasselten.

(Oft genug versammelten wir uns - wenn auch verbotenerweise - am Zaun zur Clayalle, im Wäldchen auf dem Gelände der Richter'schen Stiftung, wenn wir den Lärm der Panzer bis in unser Haus hören konnten, und sahen neugierig staunend dem Vorbeifahren der kriegerischen Kolosse zu. Aus den Luken oben ragten die Köpfe behelmter Soldaten hervor, den Blick starr und konzentriert nach vorne gerichtet, über Funk mit dem Fahrer im Innern der auf rasselnden Panzerketten dahindonnernden Ungeheuer verbunden. Den Höhepunkt unseres Zaungastdaseins stellte der Besuch des damaligen berühmten amerikanischen Präsidenten J. F. Kennedy in Berlin dar, denn natürlich begrüßte er auch seinen obersten Befehlshaber der amerikanischen Besatzungsmacht in Berlin im American Headquarter, dessen mit Stacheldraht und allen möglichen Sicherheitsvorkehrungen ausgerüstetes Gebäude sich unweit unseres Geländes an der Clayallee befand. So fuhr denn auch seine gesamte Kolonne, bestehend aus einer Schlange Weißer Mäuse der Berliner Polizei, diversen Jeeps der amerikanischen MP (Military Police), einer Reihe schwarzer Limousinen besetzt mit Generälen und anderen hohen Offizieren der US-Army und schließlich der offen fahrenden Präsidentenlimousine direkt an uns vorbei, das heißt, die ganze Kolonne fuhr nicht in dem Sinne sondern bewegte sich nur im Schritttempo vorwärts, hielt auch immer wieder gänzlich an, um den unzähligen die Clayallee säumenden begeisterten Berlinern Gelegenheit zu geben, den geliebten Präsidenten der Vereinigten Staaten von Amerika aus nächster Nähe betrachten zu können. Und wie es der Zufall wollte, hielt seine Präsidentenlimousine just an der Stelle, da wir hinter unserem Logenplatz des besagten Zaunes geradezu in prädestinierter Weise das Geschehen verfolgen konnten…).

Nun trugen uns unsere Füße leichter den Rest der Strecke, wohlwissend, dass wir uns auf der Zielgeraden befanden. Wieder zu Hause (im Stockdunklem) angekommen, fanden wir die Haustür verschlossen vor, und beherzt drückten wir auf den Klingelknopf. Der Zufall wollte es, dass just in diesem Augenblick Frau Glienke aus dem Keller kam und uns somit die Tür öffnete. Oje, ausgerechnet Frau Glienke! Sie hatte etwas Drachenähnliches an sich, war erst vor Kurzem in unserer Institution gelandet (natürlich vermittelt durch die Kirche), war ziemlich schnell zur rechten Hand Thusneldas avanciert und stand ihr im Schikanieren und Drangsalieren von uns Kindern in Nichts nach.

Sie sah uns mit einem hämischen Lächeln von oben bis unten an und begrüßte uns mit einer ihrer typischen Redewendungen: „Na sieh' mal einer an, je später der Abend, desto schöner die Gäste." - Wir hätten uns verlaufen, erwiderten wir. „Aber klar, natürlich! Eine bessere Ausrede fällt euch wohl nicht ein. Ihr seid ausgerissen, aber das hat wohl nicht so richtig geklappt, was?" Ob es wohl noch etwas zu essen gäbe, fragten wir ganz unschuldig. „Na, bei euch piept's ja wohl ganz gewaltig!", erwiderte sie gefolgt von einem weiteren Standardspruch: „Ihr wisst doch, wer zu spät kommt, der muss seh'n, was übrig bleibt!" (Heutzutage abgewandelt in: Wer zu spät kommt, den bestraft das Leben...)

Wir sollten zusehen, dass wir ganz schnell und leise ins Bett kämen und das Ganze hätte morgen noch ein gewaltiges Nachspiel. Warum erst morgen, fragten wir uns sorgenvoll, während wir uns reumütig nach oben auf den Weg zu unseren Betten aufmachten. Es stellte sich heraus, dass Thusnelda den Abend gar nicht im Hause war – sie besuchte ein Konzert (es war vielleicht einer ihrer geliebten Opernabende) oder sie war zu irgendeiner der zahlreichen Kirchenveranstaltungen unterwegs, sodass uns das Donnerwetter mit ihr tatsächlich noch am nächsten Tag bevorstand.

Hungrig schlichen wir uns mit knurrenden Mägen in unsere Betten - wir hätten alles für einen Teller der uns so verhassten Graupensuppe gegeben, wäre sie für uns noch greifbar gewesen. Wir waren so müde und erschöpft, dass wir diesmal sogar auf unser gegenseitiges Kopfkraulen verzichteten, wünschten uns noch kurz „Gute Nacht" und sanken alsbald in einen recht unruhigen Schlaf.

Den nächsten Morgen fand Thusnelda gar nicht die Zeit, uns wegen des gestrigen Tages mit einer ihrer Strafpredigten oder irgendwelchen Sanktionsandrohungen zu belegen, da sie mit dem Austeilen der morgendlich obligatorischen Haferschleimsuppe und dem Vorbereiten der Morgenandacht zu beschäftigt war. Stattdessen bedachte sie mich nur mit einem eisigen Blick, der selbst das Feuer der tiefsten Hölle zum Gefrieren gebracht hätte, als ich an der Reihe war, den von ihr recht lieblos gefüllten Haferschleimsuppenteller entgegenzunehmen.

Während des Frühstücks waren Juris und ich den hämischen Blicken und Kommentaren der anderen Kinder ausgeliefert, wenngleich uns war, als verberge sich hinter ihren Worten auch der Neid, nicht selbst einen Ausreißversuch unternommen zu haben. Unterbrochen wurden sie damit nur dadurch, dass mal wieder eins der Kinder sich dem Zuführen des - absolut widerlich schmeckenden - Lebertrans widersetzte und Thusnelda ihre dafür typische Behandlungsmethode zum Einsatz brachte: Sie packte das Kind von hinten an der Nase und riss seinen Kopf nach hinten, hielt ihm die Nase fest mit Daumen und Zeigefinger zu, schob ihm den Teelöffel mit dem Lebertran rücksichtslos zwischen die Lippen und träufelte so dem armen Kerl das Zeug Schluck für Schluck in den Mund, bis dieser fast daran zu ersticken drohte.

Schließlich mussten wir an Thusnelda irgendwann einmal vorbei, und als wir uns an ihr auf dem Treppenabsatz vor ihrem Büro mit unseren Schulranzen auf dem Rücken vorbeischleichen wollten, packte sie Juris und mich am Arm und schob uns mit den Worten: „Ausreißer gehören an die Leine!" beiseite. Wir bekamen eine Eskorte: Tante Doris musste uns zur Schule bringen und damit gewährleisten, dass wir in selbiger auch wirklich ankamen. Unterwegs schimpfte sie mit uns, unseretwegen müsse sie unnötig diesen unfreiwilligen Spaziergang auf sich nehmen und was wir uns eigentlich einbilden würden, wer wir seien und dass wir in Zukunft hoffentlich wüssten, wo wir hingehörten und Ähnliches mehr…

Von der Schule abgeholt wurden wir von Thusnelda höchstpersönlich, die uns auf dem Weg nach Hause zu zusätzlicher Strafarbeit (zehn Seiten Schönschrift schreiben: Ich darf von zu Hause nicht weglaufen), extra Stubendienst und zusätzlicher Treppenhausreinigung sowie drei Wochen Stubenarrest verdonnerte. Im Übrigen habe sie bereits mit unseren Vormündern und auch mit Herrn Pastor gesprochen!

Das also war das (wenig rühmliche) Ende unserer Trebegängerkarriere, und wir beschlossen, die nächste Flucht aus den Mauern unseres Heimgefängnisses etwas gründlicher vorzubereiten, wenngleich wir auch ausführlichere Pläne darüber bald aus den Augen verloren – ein zweites Ausreißmanöver fand nicht mehr statt…

Doch zurück zur Ausgangsfrage: Wie kam ich überhaupt zum Radfahren? Es war Juris, der es mir beibrachte, der eines Tages mit einem Fahrrad nach Hause kam, das er von seinem Onkel geschenkt bekommen hatte. Es war ein richtiges großes 28ger-Herrenrad, dessen Sattel für mich viel zu hoch war, um darauf fahren zu können, obwohl er schon nur auf Minimalhöhe gestellt war und ich mit meinen Füßen die Pedale nicht richtig erreichen konnte. Also schob ich mein rechtes Bein durch den Rahmen des Fahrrads und konnte dadurch - allerdings in recht unorthodoxer Weise – die Pedale bedienen.

Da ich mich noch in spürbarem Wachstum befand, reichten meine Füße, auf dem Sattel sitzend, nur wenige Wochen später nun doch bis an die Pedale, aber meine ersten Fahrversuche endeten jedes Mal mit einem Sturz und ich kam nur knapp zehn, zwölf Meter voran, ohne mich selbst - und das Fahrrad natürlich - unnötigerweise zu beschädigen.

Juris schüttelte nur immer verständnislos den Kopf und gab mir Schützenhilfe, indem er neben mir herlief und mich stützte, damit ich das Gleichgewicht beim Treten der Pedale halten konnte. Irgendwann ließ er mich dann einfach los und...ich fuhr tatsächlich meine erste längere Strecke ohne zu stürzen.

Fortan fuhr ich täglich Fahrrad und fühlte mich schon nach ein paar Tagen so sicher, dass ich auch auf der Straße fuhr, denn bislang hatten wir das Radfahren immer nur im parkähnlich angelegten Mittelstreifen einer kleinen Seitenstraße geübt.

Irgendwann verließ Juris das Heim, konnte wohl wieder zu seinen Eltern oder seinem Onkel zurück - ich weiß leider heute weder die Umstände seines Fortgangs noch den genauen Zeitpunkt, ich weiß nur noch, dass wir uns bald darauf aus den Augen verloren, und dass wir uns dann auch nie mehr wiedergesehen haben.

In der Grundschule konnten meine Leistungen nur als durchschnittlich bewertet werden, und meine Zeugnisköpfe wiesen nahezu stets den gleichen Text aus: Detlefs Leistungen könnten besser sein, wenn er nicht so unaufmerksam und zappelig wäre – sein Betragen ist nicht erfreulich. Oder: Es wäre schön, wenn er sich im Unterricht mehr konzentrieren und ernsthafter mitarbeiten würde - er stört noch oft den Unterricht durch seine Unbeherrschtheit...

In meinem Versetzungszeugnis der vierten Klasse hieß es schließlich: Detlef ist sehr unausgeglichen... und er ist zeitweilig sehr widerspenstig und gegen seine Mitschüler (äußerst) rücksichtslos. Am Unterricht kann er lebhaft teilnehmen, ist aber auch wieder abgelenkt und stört durch seine Unruhe.

In der fünften Klasse schließlich bekamen wir einen neuen Klassenlehrer, einen Herrn Lungwitz, und am ersten Schultag nach den Osterferien des neuen Schuljahres 1962/63 ging dieser von Tisch zu Tisch und warf einen Blick in unsere Zeugnisse, wohl auch, um zu überprüfen, ob denn auch alle vom Erziehungsberechtigten unterschrieben waren. Ich saß hinten in der letzten Reihe, und als er sich meinen Zeugniskopf kurz durchgelesen hatte, packte er mich plötzlich am rechten Ohr, zog mich in die Höhe und verpasste mir eine ziemlich deftige Ohrfeige, begleitet von seinem erklärenden Kommentar: „Widerspenstige müssen gezähmt werden!"

Ich wagte nicht zu widersprechen oder mich gar zu beschweren, da ich eine weitere Ohrfeige befürchtete, aber wenigstens lagen Schule und „Elternhaus" auf der gleichen pädagogischen Linie, ein Umstand, den heutzutage viele Lehrer (und Lehrerinnen...) ja vermissen und sich eine – natürlich zum Wohle des Kindes! – besser funktionierende Zusammenarbeit wünschen würden oder anders ausgedrückt: dass sich die Eltern mehr um die Erziehung ihrer Kinder kümmern würden, damit die Lehrer sich nicht ständig mit dem defizitären Verhalten der Kinder und ihren emotionalen Auswüchsen beschäftigen müssten...(Aber das ist nun auch wieder eine andere Geschichte, denn zu der Zeit hatte ich noch nicht beschlossen, von Beruf Erzieher zu werden...)

Zwischen Herrn Lungwitz und mir entstand ein wunderbares Verhältnis, das sich insbesondere darin auszeichnete, dass er uns - neben Deutsch, Mathe, Erkunde, Geschichte und Naturkunde - auch Sportunterricht erteilte, wobei er sich als ein absolut begeisterter Freund des Völkerballspiels erwies. So zog er dann auch zweimal wöchentlich mit uns in die Turnhalle und markierte daselbst, während wir uns umzogen, schon mal das Spielfeld, wobei zwei hintereinander stehende Bänke als Mitte des Feldes dienten.

Zunächst saßen wir alle nebeneinander auf mehreren Bänken, und er erklärte uns die Regeln dieses Spiels, wobei ich gar nicht richtig zuhörte, da sie mir von unseren unzähligen im Heim gespielten Völkerballduellen hinlänglich bekannt waren; mein scheinbares Desinteresse daran brachte mir denn auch eine ernsthafte Rüge des Lehrers ein, verbunden mit seinem Hinweis, dass sich meine im Zeugnis attestierte Unkonzentriert hier ja wohl gleich bestätigen würde...

Dann teilte er uns - Jungs und Mädchen gemischt - in zwei Mannschaften ein, er selbst gesellte sich ins Feld der vermeintlich schwächeren Mannschaft - mich teilte er zunächst als sogenannten Strohmann der anderen Mannschaft ein. Der Strohmann einer Mannschaft postierte sich an der Grundlinie des Spielfeldendes der gegnerischen Mannschaft und konnte ebenfalls von dort Spieler des Gegners abwerfen. Gelang ihm das, so kehrte er in das Feld seiner eigenen Mannschaft zurück und besaß nun drei Leben, das heißt, er musste dreimal abgeworfen werden, bevor er dann das Feld wieder verlassen und sich zu allen anderen Abgeworfenen seiner Mannschaft hinter der besagten Grundlinie wiederum einzufinden hatte.

Natürlich galt man nicht als abgeworfen, sofern man den Ball fing. Und genau darin lag für mich schon immer der Reiz dieses Spiels - nicht dem vom Gegner geworfenen Ball auszuweichen sondern ihn eben zu fangen.

Als ich schließlich meine Aufgabe als Strohmann erfüllt hatte, nämlich einen Gegenspieler abzuwerfen, wechselte ich endlich ins Spielfeld meiner Mannschaft, deren Bestand sich von noch verbliebenen Spielern schon drastisch reduziert hatte. Zunächst wich ich dem geworfenen Ball (einem richtig harten Lederball) meiner Gegenspieler noch aus, doch als Herr Lungwitz (der übrigens mit einer Beinprothese aufgrund einer Kriegsverletzung ausgestattet war) den Ball in die Hand bekam, stellte ich mich ihm mutig - beinahe schon provozierend - nur wenige Meter vor der Spielfeldhälfte entgegen, konzentrierte mich auf seinen Wurf und fing den Ball mit meinen Unterarmen, um ihn in einer fließenden Bewegung vor die Brust zu ziehen – sein Gesichtsausdruck verriet eine gewisse Verblüffung, dass ich seinen relativ scharf geworfenen Ball scheinbar mit Leichtigkeit gefangen hatte.

Natürlich warf ich den Ball gleich darauf so kraftvoll wie möglich zu ihm zurück, den er ebenfalls ohne Mühe fing, und für den Rest des Spiels entwickelte sich nun ein Zweikampf zwischen uns, der aber keinen Sieger hervorbrachte, da unsere geworfenen Bälle jeweils vom anderen gefangen wurden, wobei natürlich hinter seinen Würfen wesentlich mehr Kraft als hinter den meinigen steckte. Aber er hatte nun in mir einen würdigen Gegner gefunden und wenigstens erbrachten mir meine Leistungen zumindest auf diesem Gebiet eine gewisse Anerkennung seinerseits.

Ich konnte aber leider in allen anderen Fächern bei weitem nicht mit gleicher (oder wenigstens ähnlicher) Leistung überzeugen, blieb im Gegenteil weit unter seinen (und damit auch den allgemeinen) Anforderungen zurück.

Bis auf den Sportunterricht (über den Herr Lungwitz aber mir gegenüber nie weitere Worte verlor...) blieb unser Verhältnis eher distanziert und nur wenig entspannt, da ich sowohl in meinem Verhalten als auch in meinen Leistungen nicht unbedingt seinen Erwartungen entsprach. Dennoch stellte er für mich eine Art Autoritätsperson dar, die ich respektierte und ganz im Stillen – unbewusst natürlich – auch bewunderte, ein Umstand, der ihm wahrscheinlich nie selbst bewusst gewesen ist. (Heutige Psychologen würden mein Gefühl höchstwahrscheinlich damit erklären, dass ich unbewusst die fehlende Autorität des Vaters suchte.)

Wie dem auch sei... lud ich meinen Lehrer tatsächlich zu unserem Jahresfest ein, wobei ich nicht mehr weiß, ob es sich dabei um das Jahr 1962 oder 1963 (als ich schon die 6. Klasse besuchte) handelte. In Erinnerung geblieben ist mir allerdings, dass er meiner Einladung tatsächlich auch folgte, aber nur Zeit für das Adventscafé und den ersten und zweiten Teil unserer Vorführungen fand (dem Auftritt der "Engel" und der Vorführung des ersten Theaterstücks mit dem ernsthafteren Thema...) und genau zu dem Zeitpunkt, da ich nun endlich die Bühne in einer zweiten Hauptrolle des lustigen Stücks betreten sollte, unsere Veranstaltung verließ (oder eben aus zeitlichen oder auch sonstigen Gründen verlassen musste...) Nichts desto trotz versuchte ich während der Aufführung tapfer, mir meine Enttäuschung nicht anmerken zu lassen, wenngleich ich ihren bitteren Geschmack das ganze Stück über und auch für den Rest des Tages allzu deutlich spürte.

Während meiner restlichen Grundschulzeit ereignete sich nichts Wesentliches mehr, das einer besonderen langwährigen Erinnerung wert wäre, außer, dass ich während des Musikunterrichts, der ebenfalls von Herrn Lungwitz erteilt wurde, der uns mit musikalischer Klavieruntermalung bekannte Volkslieder beibrachte, ihm wohl durch meine wohlklingende Stimme auffiel, sodass er der Chorleiterin empfahl, mich in ihren Schulchor aufzunehmen.

Auch hier sangen wir eigentlich nur Volkslieder, aber diesmal eben mit Sopran-, Alt-, Tenor- und Bassstimmen! Ich erinnere mich noch genau an die Faszination einer traumhaft klanglichen Sphäre, die diese Mehrstimmigkeit (von allen Chorteilnehmern und –innen...) mit den jeweils richtigen Tönen gesungen!...) entstehen ließ. So sangen wir denn auch jahreszeitlich bedingt die entsprechenden Lieder und traten einmal im Jahr zur Schuljahresabschlussfeier vor Lehrern und Eltern in der Aula der Schule auf.

In der 6. Klasse nahm ich an meiner ersten Klassenfahrt teil, und wir besuchten – was damals typisch für diese Zeit war - das Landschulheim in Rehau im Fichtelgebirge.

Hier staunte man nicht schlecht, wie selbstständig ich mein Bett beziehen konnte – eine entwickelte Geschicklichkeit, die dem Umstand zu verdanken war, dass wir solche Sachen schon mit acht, neun Jahren im Heim eigenständig durchführen mussten.

(Irgendwann hieß es morgens beim Wecken: Alle Betten abziehen, Kinder! und mittags lag für jeden von uns die neue Bettwäsche auf den Betten, die wir dann eben selbst zu beziehen hatten...).

In Rehau und seiner Umgebung besuchten wir wohl alles, was es eben so zu besichtigen gab (was im Einzelnen, weiß ich heute gar nicht mehr...), und – bedingt durch die kurzen Wintertage - spielte sich der Rest des späteren Nachmittags und des Abends im Haus ab.

Wir unternahmen auch mehrere Bustouren durch die winterliche Landschaft des Fichtelgebirges und fuhren auf schneefreien Landstraßen, die uns durch die bewaldeten Hänge und Schneisen zwischen den verschiedenen bayrischen Ortschaften führten.

Irgendwann durfte auch ich einmal ganz vorne - auf dem Platz des Reisebegleiters - sitzen, doch statt den gesonderten Ausblick direkt in Fahrtrichtung zu genießen, sah ich dem noch recht jungen und sehr sympathischen Fahrer dabei zu, wie dieser das große Schiff (so erschien mir damals ein Reisebus...) steuerte und handhabte.

Dabei genoss ich seinen Fahrstil und mir schien, er fuhr nicht den Bus, nein, er ließ ihn förmlich über die Straßen gleiten, nahm den Fuß vom Gaspedal, wann immer es leicht bergab ging und berührte es nur sanft, wann immer es wieder erforderlich schien, um dem Motor genau die Kraft zu verleihen, die er benötigte, um einen leichten Anstieg der Straße zu bewältigen oder in gleichbleibender, gleitender Geschwindigkeit einfach nur eine gerade führende Strecke zu fahren.

Bei höherprozentig im Gefälle ausgewiesenen Straßenzügen trat er zusätzlich den mit dem rechten Fuß zu betätigenden Knopf der Motorbremse und löste ihn behutsam, wenn die weiter vor ihm liegende Strecke die zusätzliche Reduzierung des Motorschubs nicht mehr erforderlich machte. Vor den oft leichten Kurven der Straßenzüge schaltete er rechtzeitig äußerst gefühlvoll einen oder auch zwei Gänge herunter und trat dabei zu meinem großen Erstaunen zweimal das große Kupplungspedal. (Erst später lernte ich, dass er mit sogenanntem Zwischengas fuhr...)

Als ich schließlich den Platz auf besagtem Reiseleitersitz mit dem nächsten Kind unserer Klasse tauschen musste und wieder auf meinen eigentlichen Sitz zurückkehrte, da beschloss ich, eines Tages genauso fahren zu können wie jener Busfahrer und dass ich das sofort, wenn ich das richtige Alter dafür erreicht hätte, lernen wollte!

Was ich auch tat, aber – und man ahnt es schon – ist das natürlich wieder eine andere Geschichte…

Im Heim indes plätscherte der mit gleichbleibender Bedeutungslosigkeit durchsetzte Alltag - mit all seinen Freuden, Sorgen und Nöten - so dahin.

Im Winter mussten wir stets – zu unser aller Gräuel – lange Unterhosen und Unterhemden mit langen Ärmeln anziehen, ein Umstand, der uns gerade zum notwendigen Vorgang des sich Umziehens zum Sportunterricht nicht nur lehrte, wie man das Wort Peinlichkeit schreibt, sondern uns auch erleben ließ, wie es sich inhaltlich tatsächlich anfühlte.

Zweimal im Jahr (während des Frühjahrs und des Herbstes) zog Thusnelda mit fünf, sechs Kindern von uns auf die Steglitzer Schloßstraße, um für uns neue Sommer- oder eben Wintersachen zum Anziehen zu kaufen. Allerdings ist die heutige Schloßstraße nur noch schwerlich mit ihrem Erscheinungsbild der 60ger Jahre zu vergleichen: Die über die Straße führende Zubringerbrücke zur Stadtautobahn, der so genannten Westtangente (wie die Westtangente selbst), gab es noch nicht, ebenso wenig stach einem der Bierpinsel oder gar der Steglitzer Kreisel ins Auge.

Neben den (traditionellen) Kaufhäusern Wertheim und Karstadt sowie C&A wurde die Straße von kleinen Fachverkaufsgeschäften gesäumt, in denen man ebenso gut alle zum Bedarf nötigen Dinge erwerben konnte wie in den heutigen, wie Pilze aus dem Boden sprießenden Einkaufszentren, die es aber immerhin geschafft haben, die wahrscheinlich dreifache Anzahl von Käufern und Kunden in ihre Center mit den eigentlich langweiligen, immer wiederkehrenden gleichen Geschäften zu locken.

So stellte denn die damalige Schloßstraße (man schrieb sie damals tatsächlich noch mit mit „ß", heutzutage natürlich mit „Doppel s"...) nahe unserem verträumten Dahlem Dorf die nächst mögliche Einkaufsgelegenheit dar. Eingekauft wurde immer in einem größeren Bekleidungsgeschäft mit dem Namen Hamburg, dessen Inhaber (natürlich) Mitglied in unserer Steglitzer Kirchengemeinde war. Überhaupt waren alle von uns genutzten Geschäfte von Gemeindemitgliedern durchsetzt - es blieb sozusagen alles in der Familie, vom Uhrmacher angefangen über besagten Bekleidungsgeschäftinhaber bis hin zum Fahrradfachhändler, der unsere durch reichlichen Gebrauch verschlissenen Roller regelmäßig reparierte...

65

Anfangs hatten wir bei der Auswahl der neuen Kleidung natürlich noch kein Mitspracherecht, das heißt, Thusnelda steckte uns einfach in neue Jacken, Mäntel und Hosen nach ihrer ureigensten Meinung, was das Beste für uns wäre, und tadelte uns oft genug ob unseres flunschziehenden Gesichtsausdrucks, wenn uns die von ihr ausgesuchten Sachen eigentlich gar nicht gefielen.

Neue Schuhe wurden stets bei Stiller oder Leiser gekauft, deren Geschäftsführer und Verkäuferinnen mal ausnahmsweise nicht einer unserer Kirchengemeinden zuzuordnen waren, wohl aber der Schuster, der unsere Schuhe so lange immer wieder reparierte, bis sie entweder nicht mehr passten oder die Schuhe eben irgendwann einfach nicht mehr zu retten waren...

Zum Abschluss dieses Mammuteinkaufs ging Thusnelda mit uns dann immer noch zu einem ganz bestimmten Imbissstand, um uns allen dort eine Currywurst zu spendieren, die sie entweder von unserem von den Jugendämtern zugestandenen Sätzen des Bekleidungsgeldes oder von den im Geschäft Hamburg erhaltenen Einkaufsrabatten finanzierte.

Anschließend ging es - bepackt mit reichlichen Einkauftüten - zurück nach Hause; anfänglich erst noch mit der die Grunewald- und Königin-Luise-Straße befahrenden Straßenbahn (Linie 40, die 1960 als Straßenbahnlinie eingestellt wurde) und später mit der neu eingerichteten Buslinie des A 68, deren Endhaltestelle in der Nähe unseres Hauses gelegen war.

In den Sommerferien ging es - wie schon erwähnt - für drei Wochen auf die Burg Hohenzollern, im schwäbischen Baden-Württemberg am Fuße der Stadt Hechingen auf dem Zollerberg, 855 Meter über dem Meeresspiegel gelegen.

Erbaut wurde diese Burg erstmalig im 11. Jahrhundert durch die Grafschaft Zollern, aus der die späteren zwei Linien der brandenburgisch-preußischen und der fürstlich-schwäbischen Hohenzollerndynastien hervorgingen, wobei insbesondere die brandenburgisch-preußische Linie die preußischen Könige und die späteren deutschen Kaiser stellte – die Dynastie der Hohenzollern endete dann erst mit dem Abdanken des letzten deutschen Kaisers, Wilhelm II im Jahre 1918...

Im Laufe der Jahrhunderte wurde die Burg Hohenzollern in diversen Kriegen immer wieder zerstört und mehrmals neu aufgebaut. Ihr letzter, dritter Aufbau mit ihrem bis heute gebliebenen Erscheinungsbild geht auf die Mitte des 19. Jahrhunderts zurück - 1842 wurde der bekannte Architekt Friedrich Stüler (ein Schüler Karl Friedrich Schinkels) vom damaligen preußischen König Friedrich Wilhelm IV. mit dem Wiederaufbau der in Neugotischem Stil gehaltenen Gestaltung der Burg beauftragt.

Mitte der 50ger Jahre wurde die Prinzessin-Kyra-von-Preußen-Stiftung gegründet. (Prinzessin Kyra von Preußen entstammte dem russischen Großfürstentum und war die Gemahlin des letzten deutschen Kaiserenkels und amtierenden Burgherren Prinz Louis Ferdinand.)

Diese Stiftung sollte bedürftigen Kindern (insbesondere aus dem damaligen West-Berlin) einen Ferienaufenthalt auf der Burg ermöglichen, ein Umstand, der auch unserem Heim über etliche Jahre hinweg zu Gute kam.

Schon zwei Wochen vor der Abfahrt wurden nach und nach die Koffer gepackt, sodass auch jeder von uns alle Sachen dabeihatte: vom Badezeug angefangen, über richtiges Schuhwerk bis hin zu ausreichender Regenkleidung und was man eben für eine dreiwöchige Reise alles so braucht...

Anfänglich fuhren wir mit der Bahn, wobei uns ein Reisebus mitsamt allem Gepäck zum damaligen Hauptbahnhof West-Berlins, dem Bahnhof Zoologischer Garten (kurz Bahnhof Zoo genannt) brachte. Auf einem der nur vier für den Fernerkehr zur Verfügung stehenden

Gleisen stand unser Zug, der in den frühen Abendstunden Berlin Richtung Stuttgart verlassen sollte.

Für uns Kinder waren in einem Waggon der Bahn, die sowohl innen wie außen das Zeichen DR (Deutsche Reichsbahn…) trugen, drei Abteile für je sechs Fahrgäste reserviert, in die wir uns nun, einundzwanzigköpfig, mit Sack und Pack hineinquetschten.

Nachdem wir den Grenzübergang Griebnitzsee zur DDR überquert hatten (und die Vopos überprüft hatten, ob wir hinter dem rechten Ohr auch genauso aussahen wie hinter dem linken…), kam Thusnelda in unsere Abteile, um mit uns die Nachtquartiere zu richten. Dazu wurden die Koffer in die Mitte zwischen den Sitzreihen gelegt, die Sitze in die Schlafstellung geschoben, sodass sich uns nun eine etwas bequemere Gelegenheit bot, uns der Länge nach auszustrecken, wohlgemerkt sieben Kinder nebeneinander.

Irgendwann - so nach ein, zwei Stunden Fahrt - kamen wir dann auch endlich zur Ruhe und verfielen in einen dösenden Dämmerschlaf, der von dem rhythmischen de-did, de-did, de-did de-did, de-did, de dideded, de dideded de did, de-did… der auf Uraltgleisen dahinrollenden Räder des Zuges begleitet wurde.

Mitten in der Nacht erwachte ich aus einem leichten Schlaf, weil sich zuvor das ratternde Geräusch merklich verlangsamt hatte und plötzlich ganz zum Stillstand gekommen war. Ein Blick aus dem Abteilfenster verriet mir, dass wir in einen riesigen aus unzählig vielen Bahnsteigen bestehenden Bahnhof eingefahren waren, dessen alle fünf Meter aufgestellten Schilder verrieten, dass es sich um den Nürnberger Hauptbahnhof handelte. Überall auf den rechts und links von uns gelegenen Gleisen standen Züge mit qualmenden Dampflokomotiven an der Spitze, und auf dem Bahnhof herrschte reges Treiben, ausgelöst durch angekommene, abfahrende oder umsteigende Reisende.

Auch auf vor dem Bahnhof gelegenen unzähligen mit einer Unmenge von Weichen bestückten Gleisen wurden ganze Züge oder zumindest Teile von ihnen hin- und herrangiert, ganze Waggonreihen an andere im Bahnhof stehende Züge an- oder abgehängt - ein merkliches Ruckeln unseres Zuges verriet, dass auch uns irgendwelche Waggons angehängt wurden. Da der Nürnberger Hauptbahnhof ein sogenannter Kopfbahnhof ist, wurde dem Ende unseres Zuges eine andere Dampflokomotive vorgesetzt, die alsbald nach diesem Manöver unseren Zug wieder in Fahrt brachte, und schon bald dösten wir wieder - begleitet vom gewohnten de-did, de-did...- in leichtem Dämmerschlaf so vor uns hin.

In den späten Vormittagsstunden erreichten wir schließlich - nach bald achtzehnstündiger Bahnfahrt - den Stuttgarter Hauptbahnhof. Mit steifen Gliedern und unausgeschlafenen Gesichtszügen stellten wir uns der logistischen Aufgabe, alles Gepäck aus dem Zug zu befördern, wo es auf dem Bahnsteig auf mehrere Koffertransportwagen aufgeladen und zum Bahnhofsausgang gefahren wurde.

Dort wartete ein Reisebus auf uns, dem wir nun alle Koffer und das übrige Gepäck wieder einverleibten...

Endlich im Bus, stritten wir uns dann um die begehrten Fensterplätze, begleitet von wüstem Geschrei und teilweise sogar fliegenden Fäusten, sodass Thusnelda und die ebenfalls mitgereiste Frau Glienke so ihre Nöte hatten, uns zu beruhigen, schließlich teilten sie jedem von uns, nachdem es ihnen zu bunt wurde, irgendeinen Platz zu, was bei denen, die sich nun mit Plätzen am Gang des Busses begnügen mussten, maulige Gesichter und entsprechende Kommentare hervorrief.

Der Bus brachte uns aus der Stadt heraus und bog an ihrem südlichen Ende auf die B 27 ein, vorbei an der Universitätsstadt Tübingen, deren hoch gelegenes Schloss weit über die Stadt hinausragte und somit dem vorbeifahrenden Betrachter noch lange sichtbar blieb.

Nach gut anderthalb Stunden Fahrt kam schließlich die auf dem 850 Meter hohen Zollerberg gelegene Burg in Sicht, ein stummes, doch stolzes Relikt als Ausdruck des romantischen Geistes jener Zeit des Rittertums.

Der Bus brachte uns bis zum gut zweihundert Meter unter dem Burghof gelegenen großen Parkplatz der Burg. Kleinere schwarze Transportbusse fuhren zumindest unser Gepäck auf der S-kurvenmäßigen engen Straße nach oben, während wir den steilen beschwerlichen Fußweg nehmen mussten, der uns zum ersten Tor der ursprünglichen Befestigungsanlage, dem Adlertor, führte.

Erleichtert überquerten wir die schwere, aus massivem Eichenholz gefertigte Zugbrücke und folgten den drei von altem Burggemäuer umgebenen Windungen bis hinauf zum Torturm, dessen Durchschreiten uns nun endgültig in den Burghof gelangen ließ.

Unser Quartier befand sich im rechten Flügel des dreistöckigen Bauwerks im zweiten Obergeschoss; die Schlafräume, ein großes Esszimmer sowie eine große Teeküche erstreckten sich über die gesamte Etage, die wir nun für die nächsten drei Wochen bewohnen sollten.

Während dieser drei Wochen wurde der Alltag des sonstigen Heimlebens endlich einmal unterbrochen, wenngleich die Bestandteile der Morgen- und Abendandachten sowie der Tischgebete vor und nach jeder Mahlzeit erhalten blieben.

Schon zum Frühstück entfiel die bei uns allen so verhasste Haferschleimsuppe, stattdessen wurde ein frisch zubereitetes Müsli mit Obst, richtigen Haferflockenkernen, wahlweise Zucker oder Honig dazu, mit aufgegossener Milch gereicht. Auch die Speisekarte des Mittagessens sowie des Abendbrots verriet die Handschrift einer gelernten Köchin, die - extra eingestellt von der Prinzessin-Kyra-von-Preußen-Stiftung - uns sehr abwechslungsreich und äußerst wohlschmeckend kulinarisch versorgte .

Je nach Wetter gestaltete sich unsere Freizeit, in der wir entweder auf dem Burggelände mit seinen mannigfaltig versteckten Winkeln und Ecken, wie sie zu einer richtigen Burg eben dazugehören, herumstrolchten oder an regnerischen Tagen unseren sogenannten Spieleturm (jenen letzten zum Burghof führenden Torturm) frequentierten.

Dieser Turm - zugänglich durch eine schmale hohe Treppe entlang der ursprünglichen Bastionsmauer – wies in jeder der insgesamt drei Etagen einen etwa fünfzehn Meter quadratisch großen Raum auf mit unterschiedlichen Funktionalitäten: im Erdgeschoss ein allgemeiner Spiel- und Bastelraum, darüber der mit einer Tischtennisplatte ausgestattete Raum (der für uns die Hauptattraktion darstellte) und ganz oben ein weiterer Spiel- und Leseraum.

An besonders heißen Tagen machten wir uns auf den Weg den Berg hinunter in die kleine Kreisstadt Hechingen, die unter anderem ein Freibad anzubieten hatte, das allerdings aufgrund seines einzigen Vorkommens in dieser Gegend stets hoffnungslos überfüllt war.

Mit kleineren Taschen und rucksackähnlichen Gebilden auf dem Rücken voll des nassen Badezeugs machten wir uns - gequält von Hunger und Durst und ständig attackiert von unzähligen kleinen widerlichen Pferdebremsen - auf den Rückweg mit seinem beschwerlichen Erklimmen des Zollerberges…

Ab und an nahmen wir vereinzelt auch an den Burg- bzw. Schlossführungen teil, die wir allerdings immer - wenn es uns gelüstete - besuchen durften. Eine große Freitreppe führte als erstes in die Stammbaumhalle, in der die Linien der Hohenzollern als auch die der Habsburger die Wände hinauf aufgemalt zu betrachten waren. Ein großer, prunkvoller Saal, der Grafensaal, schloss sich über die gesamte Breite des Südflügels mit seinem spitzbogigen Rippengewölbe und seinen acht rötlichen Marmorsäulen an; vier schwere vom Deckengewölbe herabhängende riesige Kronleuchter und die ebenfalls spitzbogigen mit Grisaillen und farbigen Malereien gestalteten Fenster gaben seinem Namen alle Ehre.

Nach einem Rundgang durch weitere Räume und Gemächer gelangte man schließlich in die im Erdgeschoss gelegenen Waffen- und Schatzkammern der Burg, in denen es unter anderem den Waffenrock Friedrichs des Großen sowie seine ihm einst das Leben rettende Schnupftabakdose zu bewundern gab...; den Höhepunkt bildete die mit 18 Brillanten und 142 zu Rosen geschliffenen Diamanten verzierte Krone Kaiser Wilhelms II.

Beendet wurde die Führung stets mit dem Besuch der katholischen Michaels- und der evangelischen Christuskapelle, deren Aposteltor aus der im Zweiten Weltkrieg zerstörten Kaiser-Wilhelm-Gedächtniskirche aus Berlin stammte.

Seit Anfang der 50ger Jahre wurden - bis zur Wiedervereinigung Deutschlands – die Särge mit den Gebeinen König Friedrich Wilhelm I. sowie Friedrich des Großen in dieser Kapelle aufbewahrt...

Insgesamt nahm ich wohl sechs- oder siebenmal an einer dieser Sommerferienreisen zur Burg Hohenzollern teil und schlenderte gut an die fünfundzwanzig bis dreißig Mal mit durch die beschriebenen Schlossführungen, sodass ich irgendwann den entsprechenden Text dazu schon im Schlaf auswendig mitsprechen konnte.

Eines Tages herrschte plötzlich Mangel an ausreichenden Schlossführern, und so wurde ich gefragt, ob ich mir zutrauen würde, eine oder auch zwei Führungen am Tag zu gestalten, was ich natürlich nicht ablehnte und mich auch heute noch genau an den großen Spaß erinnere, den ich dabei hatte...

Zuvor halfen wir nur allzu gerne bei den Führungen aus, die großen bis an den Rand mit Filzpantoffeln gefüllten Wagen über Nebenräume bis an die Stelle zu fahren, da jeder Schlossgast sich ihrer wieder entledigen konnte, bevor er hinabstieg in die besagten Waffen- und Schatzkammern.

In den Sommermonaten wurden auf der Burg oft große Feste gefeiert, zu denen adlige Prominenz der beiden Fürstengeschlechterhäuser und weitere Freunde und Bekannte des Fürstenpaares geladen wurden. Geschah dies genau in der Zeit unseres Burgaufenthaltes, konnten wir dabei helfen, den Grafensaal zu bestuhlen - von einem riesigen Dachboden trugen wir bis zu zweihundert wunderschön geschwungene, mit rotem Samt bezogene Stühle über die im Quergebäudeflügel gelegene schmale Wendeltreppe hinunter in den Saal, die die zu einem späteren Zeitpunkt festlich geschmückte Tafel noch zusätzlich veredeln sollten.

Irgendwann einmal, ich war vielleicht zehn oder elf Jahre alt, besuchte auch die damals jüngste Tochter des Burgherren, Prinzessin Xenia, vierzehnjährig und in meinen Augen wunderschön, die Burg und ließ sich tatsächlich dazu herab, gemeinsam mit ein paar von uns Jungs um den äußeren Umriss der alten Grundmauern der Burganlage zu tollen und spielte sogar mit uns auch Verstecken.

Als ich abends im Bett lag und das Erlebte mit ihr Revue passieren ließ, überkam mich die traurige Erkenntnis, dass ich mich mal wieder verliebt hatte - traurig deshalb, weil mir bewusst wurde, dass wir uns wohl nie mehr wiedersehen würden, und nun ja...ein Heimkind und eine Prinzessin bedeutete sicherlich, dass sie in einer anderen Liga spielte, die für mich wohl nicht erreichbar war!

Ungeachtet dessen… gestalteten sich ja auch noch andere Dinge, die mein Gefühl des unerwiderten Verliebtseins bald vergessen ließen.

In reichlichen von Thusnelda organisierten Tagesausflügen lernten wir viele unterschiedliche Landstriche Deutschlands, Österreichs, der Schweiz und sogar Frankreichs kennen. So ging es einmal über den Bodensee (mit seinen berühmten Pfahlbauten und der einem Mittelmeerklimas gleichkommenden lieblich anmutenden Insel Mainau) bis hinein in den Bregenzerwald, über das von hohen Gebirgszügen begleitete und auf den Kuppen bewaldete atemberaubende Kleine Walsertal, über Memmingen bis hoch nach Ulm und entlang der Donau bis nach Donaueschingen, Ausläufer des gewichtig erscheinenden Schwarzwaldes bei Villingen streifend über Rottweil und Balingen zurück auf unsere Burg.

Eine andere Tour führte uns nach Straßburg, am Rhein entlang über Basel bis tief in die Schweiz hinein und über das Fürstentum Liechtenstein zurück Richtung Deutschland. Überall unterwegs hielten wir in unzähligen kleinen Städten und Ortschaften, um teils sehr bekannte, teils aber auch unbekannte Kirchen zu besichtigen. Wir betrachteten unter anderem alle bekannten Dome im Umkreis von bald fünfhundert Kilometern um die Burg Hohenzollern, für deren Architektur, Baustile und Innengestaltung wir aber noch nicht das richtige Auge hatten.

Der Besuch des Schlosses Sigmaringen (zu späteren Zeiten der Sigmaringer Linie der Hohenzollern zugehörig) gehörte zum alljährlichen Standardprogramm ebenso wie der Besuch der Stuttgarter Mercedeswerke.

Andere Touren führten uns in den in Bayern liegenden Chiemgau mit der Besichtigung des Schlosses Herrenchiemsee, dessen sich darstellender überladener Prunk Sinne und Verstand völlig überforderte.

Interessanter fanden wir es denn schon, märchenhaft verzaubert anmutende Tropfsteinhöhlen oder stillgelegte Salzbergwerke durchwandern zu können, insbesondere erinnere ich mich einer schier endlos wirkenden Holzrutschbahn, die in die weitläufigen Tiefen eines solchen Salzbergwerkes führte.

Später fuhren wir übrigens statt mit der Bahn von Berlin aus nur noch mit dem Reisebus, sozusagen von Haustür zu Haustür. Da wir hierbei auch erst in den frühen Abendstunden starteten, erwies sich der Versuch des Schlafens im Bus allerdings als wesentlich unbequemer als in der Bahn und machte die ganze Fahrt nicht gerade unstrapaziöser, minderte aber nicht die beschriebene Bedeutung des Erlebten während unseres Ferienaufenthaltes auf besagter Burg Hohenzollern, der mir - so muss ich sagen - bis auf den heutigen Tag in guter Erinnerung geblieben ist.

SOLLTE DER LESER (die Leserin...) schon lange auf die Stelle gewartet haben, da ich nun (endlich) über Erfahrungen übermäßiger Misshandlungen oder gar eines sexuellen Missbrauchs durch die Erzieherschaft des Hauses (oder vielleicht sogar des Herrn Pastor...) berichte, so muss ich ihn (sie) leider enttäuschen, denn bis auf Thusneldas Ohrfeigenorgien und ihre Umsetzung eines schier nie enden wollenden Sanktionskatalogs (bis hin zu Kollektivstrafen wie zum Beispiel eines ein- oder zweistündigen Stillesitzens bei Nichtermittelung eines Täters oder bei zu großer Unruhe während des Essens und Ähnlichem mehr) ist sonst nichts weiter geschehen, was einer näheren Beschreibung wert wäre.

Vielmehr war es oft eher so, dass wir versuchten, unsere Erzieherinnen dazu zu ermuntern, uns doch einmal zu zeigen, wie sie denn ohne Kleider aussahen, aber diese ließen sich eben (leider) nicht verführen!

Unsere entwicklungsbedingten sexuellen Bedürfnisse tauschten wir dann doch eher untereinander aus, wobei uns eben so manche unserer Tanten durchaus als Onaniervorlage dienten. Wir hätten gerne unsere Neugierde befriedigt, zu wissen, wie es denn wohl unter ihren Röcken so aussah...

Noch spannender wurde es, wenn eine unserer Tanten unten in der beschriebenen Kelleretage ein Bad nahm, und wir uns hintereinander anstellten, um durchs Schlüsselloch gucken zu können, schier überwältigt davon, tatsächlich mal eine nackte Frau in Natura zu sehen...

Ansonsten wurde über Sexualität in unserem Hause nicht gesprochen, denn es war nicht gottgewollt, dass sich Jungen und Mädchen (schon gar nicht) und Mann und Frau einander näherten mit sexuellem Ambitionen, es sei denn, dass es der reinen Fortpflanzung diente.

Nun muss ich Dich, liebe Josi (und auch alle übrigen imaginären Leser) mal mit auf einen kleinen Zeitsprung nehmen in die aktuelle Gegenwart: Wir schreiben ja gerade das Jahr 2015 , und ich würde Dir gerne die Geschichte erzählen, wie ich mich kürzlich mit einem alten Heimkameraden getroffen habe.

Es war Claudi, die ihn ausfindig gemacht hatte. Bedingt durch das ständige Lesen des gerade aktuell Geschriebenen fragte sie mich eines Tages, ob mir denn noch einige Namen aus der alten Wartburgzeit geläufig seien. Nach längerem Überlegen konnte ich ihr auch ein paar aufzählen, und sie begann damit, im Internet bei Stay Friends zu recherchieren, und schließlich entdeckte sie tatsächlich einen meiner ehemaligen Heimkameraden. Diesem schrieb ich sofort eine Mail, auf die er auch prompt antwortete. So kam es, dass wir uns kürzlich in einer Kneipe am Savignyplatz trafen und tatsächlich ganze vier Stunden miteinander alte Erinnerungen austauschten.

Unter anderem erzählte er mir eine Geschichte, die sich meinem Gedächtnis völlig entzogen hatte, mir dann aber in einer Art Dejá-vu-Erlebnis (fast bildlich vor Augen) wieder geläufig wurde.

Und dies ist die Geschichte, die eigentlich auf der Seite 23 hätte erzählt werden müssen:

Damals… wir lagen bereits in unseren Betten, das Licht war schon gelöscht, und wir begannen mit dem Spiel des gegenseitigen Geschichtenerzählens beziehungsweise des Geschichtenerfindens. Das „Spiel" gestaltete sich in der Form, dass einer von uns mit irgendeinem Satz - oder auch mehreren Sätzen - eine fiktive Geschichte zu erzählen begann, die vom nächsten dann - frei nach dessen Fantasie - fortgeführt werden sollte.

Und wie mir Jürgen, mein alter Heimkamerad, nun erzählte, begann meine Geschichte stets folgendermaßen:

Ein Mann (ein Cowboy) reitet auf seinem Pferd durch die Wüste. (Dabei ahmte ich mit dem Mund das Geräusch eines reitenden Pferdes nach, etwa so, dass ich meine Zunge an meinen Obergaumen und seitlich an die Innenseite meiner oberen rechten Zahnleiste kurz anpresste und sie sogleich wieder löste, das Ganze in einer bestimmten Rhythmik hintereinander weg, sodass ein täuschend ähnliches Geräusch wie das eines reitenden Pferdes dabei entstand…) Und weiter:

Da sieht er in der Ferne die Umrisse einer kleinen Stadt und be-
schließt, sich dort einmal umsehen zu wollen. Er gibt seinem Pferd die
Sporen und reitet im Galopp auf die Stadt zu.

(Wieder ahmte ich in eben beschriebener Weise den Galoppritt eines
Pferdes nach…)

Kurz vor dem Erreichen der Stadt zügelt der Mann sein Pferd und
reitet (mit entsprechender akustischer Untermalung…) langsam in die
scheinbar menschenleere Stadt ein. Niemand ist zu sehen, alles sieht
sehr verlassen aus. Dennoch schaut sich der Mann nach allen Seiten
um, bis sein Blick auf eine einzige Stelle gerichtet bleibt und plötzlich
in starrender Haltung verharrt.

Und er sagt:: „Nanu, da oben ist ja ein Fenster offen!...“

Danach gab ich stets das Wort an den nächsten Erzähler ab, wobei
ich mich leider überhaupt nicht mehr daran erinnern kann, wie diese
Geschichte vom Nächsten jeweils weitererzählt wurde, vielleicht, dass
ein Gewehrkolben durchs offene Fenster geschoben wurde, dann sicherlich auch ein Schuss fiel, keine Ahnung, ich weiß es einfach nicht
mehr!

IRGENDWANN KAM DIE Zeit (notwendigerweise), dass ich den sechsjährigen Grundschulbesuch abgeschlossen hatte und die weiterführende Oberschule besuchen sollte. Inzwischen zu einem 12jährigen Jüngling herangewachsen, mitten im Stimmbruch und mit nahezu abgeschlossenem Schamhaarbewuchs versehen, erhielt ich von meinem Lehrer, jenem Herrn Lungwitz, zwar nur eine Empfehlung für die Realschule, aber Thusnelda sowie mein Vormund, ein Herr Roll, hatten dennoch beschlossen, mich aufs Gymnasium zu schicken.

Und so betrat ich erstmalig zum Beginn des Schuljahres 1964/65 das Droste-Hülshoff-Gymnasium in Berlin-Zehlendorf, in einem wunderbaren in hellerem Putz gehaltenen Altbau, mit einem Haupt- und einem Seitenflügel mit Giebeldach, dem ein kleinerer und ein größerer Zwiebelturm entsprangen, die Fenster des Dachgeschosses mit fachwerkhausähnlichen Holzbohlen versehen und einem fast im gotischen Stil erbauten Erker im Eingangsbereich.

Ein weiteres Kapitel meines Lebens wurde an diesem Tag aufgeschlagen. Die mir bislang in den Grundschulzeugnissen attestierte Abgelenktheit behielt ich in geradezu pflegerischer Sorgsamkeit bei, mein Verhalten hingegen wurde anfangs sogar mit einwandfrei, später jedoch mit dem Hinweis: nicht immer befriedigend oder eben gerade noch ausreichend bewertet. Mitarbeit und Fleiß ließen stets zu wünschen übrig und meine Zensuren bewegten sich oft genug am Abgrund des noch Verträglichen.

Dennoch fand ich Gefallen am gymnasialen Dasein, insbesondere in der 9. Klasse, die ich gleich zweimal hintereinander besuchte...

Während des Besuchs der 7. und 8. Klasse entstand für mich eine Zeit verwirrender Gefühlszustände: Einerseits von pubertär bedingten Gelüsten geplagt, verfiel ich andererseits zunehmend in melancholisch, ja nahezu depressiv geprägte Verhaltensmuster und ging wohl dem Rest der Menschheit damit ziemlich auf die Nerven. Im Prinzip wusste niemand - mich mit eingeschlossen - was eigentlich mein Problem war und somit konnte mir natürlich auch keiner helfen.

So schlug ich mich denn mehr schlecht als recht durch den Schul- und Heimalltag, durchlebte - so wie es ein Jeder wohl muss - Höhen und Tiefen meines Daseins. Wann immer ich mich schwierigen Situationen gegenüber sah, flüchtete ich mich in meine – scheinbar schon antrainierte – Melancholie, verschloss mich gegenüber allen Anderen

77

oder jammerte laut meinen Lebensunmut heraus, negativierte und negierte alles, was eigentlich als lebensbejahend anzusehen war.

Auch Thusnelda fiel mein Verhalten auf, meine schwankenden Stimmungen, mein Gejammer über mein mir scheinbar wenig Lebensfreude gebendes Leben, meine Versuche der Kompensierung meiner melancholischen Grundstimmung mithilfe des Klavierspiels, selbst entwickelte Stücke, alle im tiefsten C-Moll gehalten...

Eines Tages, da sie sich wohl keinen rechten Rat mehr wusste, bat sie Herrn Pastor, mit mir zu reden; dieser erschien auch bald darauf, fragte mich nach meinem Befinden, wollte wissen, warum ich denn so unglücklich sei und riet mir inständig, ich solle doch mehr auf unseren Herrn, Jesus Christus, vertrauen, Gott würde mich schon an die Hand nehmen und mich auf den rechten Weg führen, aber Vertrauen sei eben das Wichtigste dabei...

Nun, einen großen Trost fand ich nicht gerade in seinen Worten, denn es fehlte mir nicht nur das Vertrauen sondern eben auch gänzlich der Glaube, wenngleich ich nicht verhehlen will, dass ich mir durchaus meinen kindlichen Gottglauben bewahrte, abends im Bett vor dem Einschlafen sogar betete; ich betete (seltsamerweise) für die Wiedervereinigung Jerusalems ebenso wie für den Fall der Berliner Mauer, dass dadurch getrennte Familien wieder zusammenfinden könnten; ich betete darum, dass meine Mutter doch noch am Leben sei und dass sie mich eines Tages - zusammen mit meinem Vater - hier endlich abholen und nach Hause bringen würde, ja, ich betete sogar darum, dass die Aufgaben der letzten Mathe-Klassenarbeit doch noch in richtiger Lösung plötzlich auf dem Papierbogen erscheinen mögen, obwohl ich wusste, dass sie eindeutig falsch oder eben gar nicht gelöst auf den verschmierten Blättern meiner Arbeit verewigt waren, und ich wenigstens noch eine vier statt wieder eine fünf geschrieben hätte...

Ich weiß nicht warum, vielleicht, dass Thusnelda der Ansicht war, ich bräuchte mal eine Abwechslung, sozusagen eine Auszeit vom Getümmel des Heimalltags und sollte stattdessen einmal familiäre Atmosphäre schnuppern – jedenfalls hatte sie für mich eine Art Pflegefamilie organisiert, die mich für die Dauer der sechswöchigen Sommerferien aufnehmen wollte.

Die nun folgende Geschichte wäre hervorragend in einem Deutschaufsatz (oder einer schriftlichen Hausarbeit) unter dem Titel: Mein schönstes Ferienerlebnis aufgehoben gewesen.

Es war der Sommer 1964 (oder auch der des Jahres 1965, genau erinnere ich es heute nicht mehr), dass ich diesmal nicht mit auf die Burg Hohenzollern fuhr - stattdessen wurde ich noch am letzten Schultag vor den Sommerferien am späten Nachmittag auf dem Bahnhof Zoo zusammen mit einer mir unbekannten Kindergruppe in den Zug gesetzt auf dem Weg zu meiner Pflegefamilie in den Schwarzwald.

Begleitet und betreut wurden wir während der gut fünfzehnstündigen Zugfahrt bis in die Tiefen des Schwarzwaldes von Helfern (und Helferinnen…) irgendeiner karitativen Organisation.

Auf dem Bahnhof Villingen/Schwenningen wurde ich von dem Dienstmädchen (heute sagt man wohl eher: Hausangestellte) meiner Pflegefamilie abgeholt, die mich ins Haus der Familie des Dr. Krebs brachte. Das Haus - im wunderschönen Ambiente einer Altbauvilla gehalten - lag am Rand der Stadt Villingen, war äußerst geschmackvoll und geräumig eingerichtet, im großzügig ausladenden Wohnzimmer stand sogar zu meiner großen Freude und Überraschung ein Flügel!

Dr. Krebs, seines Zeichens Chirurg und Chefarzt des Villinger Krankenhauses, war ein distinguierter Herr so um die Mitte vierzig mit noch recht fülligem, leicht nach hinten gekämmtem welligen Haar. Weder seine Geheimratsecken noch seine auf der Stirn direkt über dem linken Auge befindliche tiefe Hauteinkerbung taten seiner Attraktivität, Aufgewecktheit und einer charmanten Herzlichkeit Abbruch. Die von ihm zusammen mit seiner langjährigen Ehefrau gegründete Familie bestand aus drei Kindern: dem ältesten Sohn, Mitte zwanzig und Medizin studierend, der etwas jüngeren Schwester, ebenfalls Studentin und dem jüngsten 12jährigen Sprössling Benjamin, allgemein Benny genannt.

Und eben für jenen Benny suchte die Familie Krebs einen etwa gleichaltrigen Spielkameraden für die Dauer der Sommerferien…

Die ersten zwei Wochen meiner Sommerferien verbrachten wir zunächst in Villingen, da Dr. Krebs noch zu arbeiten hatte und Bennys Sommerferien erst zwei Wochen später beginnen sollten.

Doch schon am ersten Wochenende überraschte mich die Familie mit dem eigentlichen Höhepunkt eines unvergesslichen Erlebnisses: Am späten Freitagnachmittag wurde der (damals noch fast nagelneue)

Volvo P 121 mit Taschen und allem anderen möglichen Zubehör für eine Wochenendtour gepackt, und - mit Benny und mir auf dem Rücksitz - ging es in einer knapp dreistündigen Fahrt hinunter an den Bodensee in die der Stadt Überlingen nahe gelegene Ortschaft Nußdorf.

Dort besaß die Familie einen großen flachen Bungalow mit einem riesigen Garten direkt bis hinunter ans Wasser reichend, wo an einem hölzernen Bootssteg ein kleineres Ruderboot befestigt war. Dieses gut sechs Personen Platz bietende Boot diente dazu, die etwa fünfzig Meter voraus an einer Boje vertäute Segelyacht zu erreichen – eine wunderschöne Yacht mittlerer Größe mit dem Namen: Pelikan.

Schon gleich am nächsten Morgen ging es aufs Boot zu einem für mich ersten Segeltörn. Im Achterdeck sitzend sah ich mit staunenden Augen zu, wie zunächst das Vorsegel und danach das große Hauptsegel gesetzt wurden, wie das Boot von der Boje gelöst und schließlich in den Wind gedreht wurde, sodass sich Vor- und Großsegel vom eingefangenen Wind spannten und dem in einer leichten Krängung liegendem Boot die entsprechende Fahrt verliehen.

An diesem Vormittag wehten durchaus steife Brisen, sodass wir in zügiger Fahrt über das Wasser des Bodensees dahinglitten; wir fuhren in südöstlicher Richtung so knapp eine Seemeile entlang der nordöstlich entfernten Küste, vorbei an den Pfahlbauten Unteruhldingens, erblickten in weiterer Entfernung die Steuerbord querab liegende Insel Mainau und erreichten alsbald das für den heutigen Segeltörn ausgewählte Ziel: die Stadt Meersburg. Zuvor konnte man schon lange die weit sichtbar so um die Mitte des 18. Jahrhunderts erbaute über dem Südhang des Überlingers Sees thronende Klosterkirche Birnau erblicken, deren im Barockstil erbaute imposante Erscheinung sich den Blicken des Vorbeisegelnden scheinbar überhaupt nicht zu entziehen schien.

In Meersburg fuhren wir in den Hafen ein, vertäuten das Boot und aßen in einem schicken Terrassenrestaurant zu Mittag. Nach einem kleinen Stadtbummel durch den historischen Teil der Stadt, in der interessanterweise jene Dichterin, nach deren Namen das von mir in Berlin besuchte Gymnasium benannt war, nämlich Annette von Droste-Hülshoff ihre letzten Lebens- und Schaffensjahre verbrachte, ging es zurück aufs Boot, um wieder Richtung Heimathafen zu segeln.

Zwischendurch wurde einmal der Anker ausgeworfen und am Heck des Bootes eine Badeleiter angebracht, sodass Benny und ich ins Wasser konnten, um eine Runde um die Wette zu schwimmen...

Den Sonntagvormittag verbrachten Benny und ich im Garten des Bungalows. Wir spielten auf der Wiese ein wenig Fußball, das heißt, ich bastelte mir ein Tor aus zwei etwas größeren Steinen und postierte sie in einen Abstand von etwa zehn Schritten als Torpfosten und Benny schoss mir ein paar Bälle aufs Tor, wobei ich all meine bis dahin erlernten Torwartkünste gerade enthusiastisch aufbot, sehr zu seinem als auch zum Erstaunen meiner Pflegeeltern. Nach dem Mittagessen vergnügten wir uns noch mit dem Ruderboot und versuchten dabei herauszufinden, ob es wohl möglich wäre, dass einer von uns genauso schnell schwimmen könnte wie der andere ruderte.

Am späteren Nachmittag dann wurden die Segel und weiteres Zubehör in der Garage des Hauses verstaut, das Haus verriegelt und gesichert, und es ging erst einmal zurück nach Villingen.

Die ganze folgende Woche war ich des Vormittags allein im Haus zusammen mit dem Dienstmädchen, da Bennys Vater ins Krankenhaus musste, seine Mutter mit diversen Erledigungen beschäftigt war und Benny selbst eben noch zur Schule musste.

Ich beschäftigte mich derweil im Haus, hörte zum ersten Mal Schallplatten von Ray Conniff und war begeistert von den Melodien und Rhythmen südamerikanischer Musik; oder ich setzte mich an den Flügel, spielte zunächst erst sehr zaghaft und verhalten und wurde - je mehr anerkennende Zustimmung mein Klavierspiel fand - immer mutiger, spielte das gerade im Klavierunterricht erlernte Stück von Chopin oder eben meine eigenen Improvisationsstücke.

Ab und wann setzte ich mich aufs Fahrrad und fuhr in den Ort, wo es einen Kiosk mit Zeitschriften und vielen anderen Dingen mehr gab, kaufte mir von meinem Taschengeld die aktuellste BRAVO, um auf dem neusten Stand der Dinge bleiben zu können...

Am darauffolgenden Wochenende ging es wieder an den Bodensee, und wiederum verbrachten wir den ganzen Samstag auf der Yacht, wobei ich anfing, die ersten Seemannsknoten zu lernen zum Festmachen des Bootes in den verschiedenen Häfen oder an Stegen und Bojen, und ich durfte zeitweilig erstmals die Pinne, jenen langen achtern ins Boot führenden Hebel, mit dem das Ruder geführt und somit das

Boot am Kurs gesteuert wird, übernehmen, was mich mit großem Stolz erfüllte und mir das Gefühl eines jungen Binnenschifffahrtskapitäns verlieh…

Die nächste Woche verbrachten Benny und ich bei irgendwelchen Verwandten der Familie Krebs in der Nähe von Villingen; der Doktor - nun auch endlich im Urlaub - wollte zunächst gute acht Tage ganz alleine mit seiner Frau in den Bergen Österreichs zur Erholung verbringen. Doch die letzten drei Wochen meiner Unterbringung in dieser Pflegefamilie verbrachten wir ausschließlich im Bungalow am Bodensee.

So lernte ich während der mannigfaltigen Segeltörns nicht nur entscheidende Seemannsknoten (die ich leider schon unwesentlich später alle wieder vergessen hatte und sie mühsamst nach gut dreißig Jahren wieder neu lernen musste im Rahmen des Erwerbs eines Sportbootsführerscheins Binnen und See, aber… richtig: Auch das ist wieder eine andre Geschichte!) sondern auch die Durchführung verschiedener Segelmanöver sowie das dazugehörige Vokabular: Von der Wende über die Halse bis hin zum Kreuzen, lernte die Begriffe Anluven und Aufschließen kennen…

Wir durchpflügten die Weiten des Bodensees (auch Schwäbisches Meer genannt…) von Überlingen über die Konstanzer Bucht bis hinunter nach Lindau, und ich war von den unterschiedlichen Gesichtern des Sees und deren fesselnden Bildern in einer geradezu magisch anmutenden Faszination wie gebannt.

So dümpelte die Yacht oft genug auf einer spiegelglatten Wasseroberfläche bei absoluter Flaute still vor sich hin, das Wasser so glasklar und vom Sonnenlicht durchflutet, dass Fauna und Flora des Sees bis auf den Grund erkennbar wurden.

Ganz anders das Bild eines wild aufgewühlten Sees, als sturmgepeitschte Wellen die Reling des Schiffs zu überfluten drohten, tiefhängende in dunkelstem Schwarz umhüllte Wolken das Ende der Welt anzukündigen schienen, sämtliche an den Ufern postierte Sturmwarnungsleuchten einen wilden Lichterreigen um die Wette tanzten und damit jedem auf dem See befindlichen Boot unmissverständlich die Meldung zufunkten, sofort das Ufer oder den nächsten rettenden Hafen aufzusuchen, bevor sich die ausstehenden gewaltigen Gewitterladungen entfalten mochten.

An anderen Tagen erlebte ich den See bei durchaus hohem aber nicht bedrohlichem Wellengang und lag dann oft auf dem Vordeck des Bootes, während der Rest der Crew mit dem Setzen der Segel, dem Kreuzen und Anluven und anderen Manövern beschäftigt war, genoss das Spiel des Windes mit den ans Boot stoßenden Wellen oder mit den sich rhythmisch bewegenden von der Steuer- und Backbordseite zur Spitze des Hauptmastes führenden Spanten des Bootes.

Den Höhepunkt der schon wild-romantisch abenteuerlich anmutenden Geschehnisse bildete der Besuch des alljährlich stattfindenden Konstanzer Seenachtsfestes.

Als wir spät am Abend mit unserer Yacht in die Konstanzer Bucht einführen, bot sich uns ein farbenträchtiges Schauspiel: Unzählige schon längere Zeit in dieser Bucht vor Anker liegende Boote der unterschiedlichsten Größe und Gattung verzauberten in atemberaubender Magie die gesamte Bucht in ein riesiges Lichtermeer; die sich im ruhigen Wasser spiegelnden blauen, roten, grünen, gelben und weißen Lichter wirkten wie ein gigantisch inszeniertes Glasperlenspiel, dessen Faszination von einer überall in der Luft liegenden sanften Melodie untermalt wurde. Von den vielen Booten und Schiffen drangen die Geräusche eines plätschernden Stimmengewirrs; lautes oder verhaltenes Lachen, das Klingen von Gläsern und das Knallen in Überschwänglichkeit geöffneter Sektflaschen drang von überallher unaufhörlich herüber. Schließlich begann man, sich mit kleinen Beibooten untereinander zu besuchen, um sich gegenseitig die eigenhändig angerichteten kulinarischen Köstlichkeiten und die verschiedenartigsten Getränke gegenseitig an Bord anzubieten

So herrschte denn über den gesamten Abend und die einhergehende laue von einem leuchtenden Halbmond beschienene Sommernacht buntes Treiben, das in einem bombastischen von der Musik Richard Strauss': Also sprach Zarathustra begleitetem unvergleichlichen Feuerwerk seinen nie zu vergessenden Höhepunkt fand.

Nur wenige Tage später hieß es für mich Kofferpacken und Abschied nehmen.

Am letzten Abend vor meiner Rückfahrt nach Berlin luden mich meine Gasteltern noch einmal zu einem großen Abschiedsessen in der Stadt Meersburg ein. Wir saßen auf der Terrasse des Restaurants, und ich blickte wehmütig auf den von der goldenen Abendsonne beschienenen See, ließ das Erlebte noch einmal Revue passieren und kämpfte mit der Schwierigkeit, dem Kloß im Hals nicht nachzugeben und den Tränen des Abschieds freien Lauf zu lassen. Dennoch war es ein wundervoller letzter Abend, den ich trotz des Abschiedskummers zu genießen verstand.

Am nächsten Vormittag dann verabschiedeten wir uns voneinander, und die große Tochter brachte mich zurück nach Villingen zum Bahnhof, übergab mich den Betreuern der Reisegruppe und einigen anderen bekannten Gesichtern von der Herfahrt.

Wieder kämpfte ich mit dem Kloß im Hals, als ich den Zug bestieg - ein letztes Winken auf dem Gang am Fenster des sich langsam in Bewegung setzenden Zuges Richtung Heimat, begleitet von einer auf mich einstürzenden emotionalen Sturmflut, wie ich sie bis dahin noch nicht erlebt hatte. Es war, so viel bin ich mir heute ganz sicher, wahrhaftig das schönste Ferienerlebnis während meiner Kinder- und Jugendzeit!

WIEDER DAHEIM hallten die Erinnerungen des Erlebten noch lange in mir nach, halfen mir dabei, dem starren Ablauf des Alltags länger als gewöhnlich zu trotzen.

Anfangs schrieb ich noch regelmäßig Briefe an meine Gasteltern nach Villingen bis weit hinein in den früh beginnenden Herbst, doch schon bald überzogen die Schatten des Schul- und Heimalltags die kostbaren Erlebniserinnerungen gleichsam wie schwarzer Teer eine neu zu asphaltierende Kopfsteinpflasterstraße. Vielleicht noch eine Grußkarte zu Weihnachten, aber dann schlief der Kontakt endgültig ein und fand weder von meiner Seite noch von der meiner Gasteltern irgend eine Form der Wiederbelebung.

Irgendwann um diese Zeit betrat ich bezüglich der Literatur ein neues Terrain und begann, sogenannte Groschenromane zu lesen: G-man Jerry Cotton und Kommissar X hatten es mir dabei besonders angetan, und ich verschlang nahezu vier bis fünf Hefte pro Woche. Wohlwissend, dass es sich dabei nur um höchste Trivialliteratur handelte, fand ich dennoch meine Vorbilder in den Helden dieser teils düsteren Krimigeschichten der New Yorker Unterwelt, dergestalt, dass ich äußerlich den von mir verehrten Herren des amerikanischen FBI in nichts nachstehen wollte und mich fortan mit einem Anzug kleidete, zeitweilig dazu sogar eine Krawatte band und in dieser Montur auch zur Schule ging, sehr zur Verwunderung meiner Mitschüler.

Allerdings begleitete mich bei dieser eitel anmutenden Identitätsfindung ein gewisses Handicap: Der Winter kam früh und sehr hart, schon im November herrschten auch tagsüber eisige Temperaturen und Thusnelda bestand darauf, dass wir alle unsere Wintermäntel tragen mussten. Meinen fand ich ganz besonders schön: im Schnitt als solchem schon unmöglich bieder anzusehen, setzte ihm ein äußerst hässliches Fischgrätenmuster auch noch die Krone eines durch und durch abscheulichen Kleidungsstückes auf. Er passte einfach nicht zu meinem neuen Image und dem dazugehörigen Outfit, denn die Männer des FBI trugen - wenn überhaupt - lange, elegant geformte Lodenmäntel.

Also verabschiedete ich mich morgens brav mit angezogenem Mantel, ging ums Haus herum, um diesen schleunigst wieder auszuziehen und ihn dann in einer Nische der rückwärtig gelegenen Außentreppe zu verstecken. Den eisigen Temperaturen trotzend (zum Glück in gewisser Weise ja auch genügend abgehärtet durch mannigfaltig genossenen

Lebertrankonsum) machte ich mich alsdann auf den Weg zur Schule; kam ich des Mittags nach Hause, führte mich mein Weg natürlich sofort zur besagten Außentreppe, um wieder mit angezogenem Mantel das Haus zu betreten.

Das Ganze ging so lange gut, bis Thusnelda eben dann - weiß der Himmel, aus welchem Grund - dahinterkam und mir eines Tages den Mantel bei meiner Heimkehr so lange um die Ohren schlug, bis fast einige der Knöpfe drohten abzuspringen...

Im Frühjahr des nächsten Jahres (ich wurde nur mit Ach und Krach in die 9. Klasse versetzt...) kam ich dann zu den Großen und bezog ein Zimmer in der unteren Etage. Zu der Zeit kamen gerade kleine Transistorradios auf den Markt und unser - teilweise mühsam zusammengespartes Taschengeld - floss in die Anschaffung dieser begehrten Geräte, um jeden Freitagabend die Anfangs von Fred Ignor und ab dem Jahr 1968 von seinem Nachfolger Lord Knud (ehemaliges Bandmitglied der Beatgruppe The Lords) auf RIAS II moderierten Schlager der Woche hören zu können...

Auf dem Gymnasium mussten wir uns beim Übergang von der 8. in die 9. Klasse für einen weiterführenden von drei zur Auswahl stehenden Zügen entscheiden: den mathematisch-naturwissenschaftlichen, den neusprachlichen oder den sprachlich-musischen Zug, für den ich mich letztlich entschied und somit hieß meine Klasse 9 sm (sm stand für sprachlich-musisch), was bedeutete, dass für uns das Fach Musik nun ebenso ein Hauptfach wie Mathe, Deutsch, Englisch und Französisch darstellte, sodass Harmonielehre und andere Grundzüge der Musiktheorie eine inhaltlich deutlichere Vertiefung erfuhren als bisher...

Außerdem erhielt ich teilweise neue Klassenkameraden (und natürlich auch ~innen...), ausgelöst durch die Aufhebung der bisherigen Klassenverbände der 7. und 8. Klassen und einer Neuverteilung der Schüler auf die drei verschiedenen Züge.

Ein ganz anderes sehr prägnantes Ereignis gilt es zu erzählen, das meine allgemeine Situation als vor sich hinleidendes Heimkind recht nachhaltig verändern sollte: Eines Morgens - ich war noch Schüler der 8.Klasse - ging ich, wie schon so oft, den Kampf um das pünktliche Erreichen des Busses an. Zunächst musste ich erst einmal zwei Stationen mit den damaligen Buslinien A 68 oder auch A 1 fahren, um den begehrten Bus A 10 zu erreichen, der genau gegenüber der Haustür unseres Gymnasiums hielt.

Von unserer Haustür bis zur Haltestelle der beiden Busse A 68 und A 1 waren es schon schon mal gut 120 Meter zu laufen, und auf diesen Metern schaute ich mich ständig rückwärtig um, ob einer der beiden Busse etwa Anstalten machte, sich bereits hinter meinem Rücken der Haltestelle zu nähern; dabei musste ich einschätzen, inwieweit ich den Bus rennend noch erreichen könnte, oder ob er mir sozusagen vor der Nase wegführe.

Tat er das (oder taten es sogar alle beide), so konnte ich gleich die zwei Haltestellen bis zum Bus A 10 laufen, weil ich in diesem Augenblick schneller war, als auf den nächsten Bus zu warten. Und oft genug geschah es nun, dass gut drei Haltestellen weiter sich ein Mädchen meiner Klasse dazugesellte; sie hieß Miriam, war von kleinerer Statur mit schulterlangem blonden Haar und würdigte mich (zunächst) nur mit einem kleinen knappen nickendem Lächeln als Andeutung, mich als ihren Klassenkameraden registriert zu haben.

Doch das Alles reichte schon nach geraumer Zeit aus, mich in sie zu verlieben, einfach, weil ich mich ständig in irgendwelche Mädchen oder auch Frauen – wie zum Beispiel in eine wunderschön anzusehende Erzieherin unseres Heimes - verliebte, teils schier so unsterblich, dass ich unter einer unerwiderten Liebe stets fürchterlich zu leiden hatte…

Eines Tages, nachdem ich Miriams Adresse herausgefunden hatte, schlich ich wie beiläufig an ihrem Haus, einem Einfamilienhaus als flacher Bungalow erbaut, vorbei, da öffnete sich plötzlich die Haustür und Miriams Mutter sprach mich an, sagte, ich sei doch der Detlef aus Miriams Klasse, und solle doch mal hereinkommen!

Und mit dem Betreten des Hauses begann eine langjährige Beziehung zur ganzen Familie Rugenau, die sich - zumindest zu Miriam - noch bis zum heutigen Tage gehalten hat!

Miriam war die älteste von drei Geschwistern: Ihre Schwester Anita, gut zwei Jahre jünger als sie und ihr vier Jahre jüngere Bruder Matteo, in Freundeskreisen einfach nur Matte genannt.

Ihr Vater, der alte Lutz Rugenau, betrieb ein von seinem Zuhause zu Fuß erreichbares Architektenbüro und hatte das von der Familie bewohnte Haus auch selbst architektonisch entworfen. Wie schon erwähnt, ein im Bungalowstil errichteter Flachbau mit einem Garten zu beiden Seiden sowie zur Rückseite des Hauses mit einem Außenkamin und einer dazugehörigen entsprechenden Terrasse. Eine von der Vorder- sowie von der Rückseite zugängliche Garage gehörte ebenfalls dazu.

Anfangs besuchte ich die Familie Rugenau nur ein- bis zweimal die Woche, indem ich mit Miriam zusammen nach Schulschluss mit zu ihr nach Hause fuhr, doch schon bald ergab es sich, dass ich fast täglich dort war, einen kleinen Happen mit zu Mittag aß und dann erst in mein Zuhause fuhr.

Natürlich blieb ich noch eine ganze Weile in Miriam verliebt, was ihrer Mutter nicht entging, allein wohl auch schon deshalb, weil meinen schmachtenden Blicken gar keine andere Deutungsmöglichkeit zuzuordnen war. So nahm sie mich alsbald auch einmal zur Seite und versuchte mir so schonend wie möglich klarzumachen, dass ihre Tochter Miriam schon seit längerem mit einem anderen Jungen liiert sei und ob es für mich nicht einfach besser wäre, eine Art Geschwisterliebe zu entwickeln! Und so wurden wir in irgendeinem Sinne zu Bruder und Schwester und fortan ging ich täglich im Hause Rugenau ein und aus, als gehörte ich tatsächlich zur Familie.

Und das Haus war des Nachmittags immer ziemlich voll, denn Mamioschka, wie Miriams Mutter von uns Jugendlichen immer mit Kosenamen genannt wurde, liebte es geradezu, von jungen Menschen umgeben zu sein, die - eben genau wie sie - absolute Fans der damaligen Beat-/Popmusik und deren auf Schallplatten zu kaufenden und im Radio zu hörenden Hits waren.

Dem häufigen bunten Treiben standen aber auch andere Nachmittage gegenüber, Tage, an denen ich allein mit Miriam, ihren Geschwistern und ihrer Mutter im Haus oder auch bei sonnigem Wetter im Garten weilte und mir nach und nach auch anfallende Aufgaben der täglichen Hausarbeit zuteilwurden.

So brachten Miriam und ich oft schon Einkäufe fürs Mittagessen und dergleichen mehr nach der Schule mit, und ich aß oft gemeinsam mit der Familie zu Mittag und suchte dann erst den Weg zu meinen Zuhause - gab es dort etwas Essenswertes zum Mittag, verdrückte ich gleich noch einmal eine zweite Mittagsportion, bevor ich mich dem leidigen Thema der Hausaufgabenanfertigung widmete...

Wie schon erwähnt... war ich keine allzu große Leuchte in der Schule; das logische Denken fiel mir schwer und mein Geist war mehr mit dem pubertären Verlangen nach dem anderen Geschlecht beschäftigt und hielt mich dementsprechend gefangen, derart, dass ich mehr einem unerfüllten Verlangen und einer nicht näher zu definierenden Sehnsucht nach... tja, wonach, das war mir eben nie so richtig klar, nachjagte als mich um wesentlichere Dinge zu kümmern und alles, was ich tat, wie zum Beispiel das Klavierspielen, nur halbherzig bewältigte und somit unter meinen Möglichkeiten blieb bezüglich meiner intellektuellen Fähigkeiten als auch anderer - hauptsächlich musischen - Begabungen. Im Prinzip stand ich mir stets selbst im Wege, und erst heute ist mir klargeworden, dass ich in der Zeit der zukunftsweisenden Grundsteinlegung erheblich versagt habe und mir selbst damit die Möglichkeit des Errichtens eines wunschgemäßen Hauses verbaut habe!

Nun könnte man ja argumentieren, es hat an den äußeren Umständen gelegen, als Heimkind nicht die entsprechenden Möglichkeiten vermittelt bekommen zu haben und so weiter und so weiter... tue ich aber nicht, weil ich – und wenn ich auch sonst nicht viel zur damaligen Zeit gelernt habe - eben eins gelernt hatte: In dieser Situation des Aufwachsens musste man sich von vornherein auf sich selbst besinnen und verlassen können, und genau das ist mir eben nicht gelungen. Insofern lag eine gewisse Eigenverantwortung bei mir, wie sie eben bei Jedem liegt, egal, wie und wo er aufwächst, aber eben lernen muss, sich den entscheidenden Dingen des Lebens zu stellen!

Doch genug der späteinsichtigen Selbstvorwürfe, letztendlich haben mich die einzelnen Ereignisse und Erlebnisse genau dahin gebracht, wo ich heute stehe, teils mit und teils eben auch ohne mein Dazutun!

Ich muss an dieser Stelle dem Leser (der Leserin...) leider einmal gestehen, mich heute nicht mehr genau an die unzählig verschiedenen Ereignisse (und auch Erlebnisse) erinnern zu können, vielleicht auch der Tatsache geschuldet, dass Vieles eben in einem über längeren Zeitraum dauernden gleichbleibenden Alltag einfach untergegangen ist, aus dem aber immerhin hie und da bestimmte Erlebnisse erinnerungsmäßig hervortreten, wenn auch nicht unbedingt in chronologischer Reihenfolge.

Wie zum Beispiel...die mit 14 Jahren erhaltene Konfirmation (Einsegnung), also die feierliche Aufnahme von uns jungen evangelischen Christen in die Gemeinde der Erwachsenen, die wir nach einem gut zweijährigem wie vorhin schon beschriebenen Drill - um nicht zu sagen, in einer Art Gehirnwäsche - nun erhalten sollten. Das ganze Zeremoniell fand in auf zwei aufeinander folgenden Sonntagen des Frühjahrs 1966 statt, wobei am ersten dieser Sonntage während des Gottesdienstes mit uns vor versammeltem Publikum (sprich vor versammelter Gemeinde der Kirche) eine durch Herrn Pastor höchst persönlich vorgenommene mündliche Prüfung abgehalten wurde, inwieweit wir nun mit den Thesen des Herrn Dr. Martin Luther und den damit verbundenen evangelisch-lutherischen Glaubensbekenntnissen vertraut waren und welche Psalmen des Neuen Testaments wir auswendig dahersagen konnten und so weiter und so weiter …

Natürlich haben wir alle bestanden, denn wer in vorhergehenden Tests nicht schon bewiesen hatte, in welch geistiger Form er sich diesbezüglich befand, wurde gar nicht erst auf den Stuhl des Prüflings gesetzt sondern auf's nächste Jahr geschoben. (In der Schule würde man sagen, er ist sitzengeblieben…).

Am folgenden Sonntag wurde nun der feierliche Akt der Konfirmation gestaltet, zu dem ich einen jüngst erst neu gekauften, gut sitzenden hellblauen Anzug trug – mit einem (von mir selbst) auf's Feinste gebügelten weißen Hemd und einer dazu entsprechend passenden Krawatte.

Zur Konfirmation gehörte nun (unbedingt) das Zeremoniell des Abendmahls, an welchem wir nun erstmalig am Ende eines superlangen (bald schier nie enden wollenden) Gottesdienstes teilnehmen sollten. So knieten wir denn auch auf einem vor den Stufen des Altars aufgebautem langen roten Samtkissen und vernahmen die Worte des Herrn Pastor zu den uns gereichten Oblaten (die fürchterlich am Gaumen kleben blieben!...): Dies ist der Leib Jesu Christi, der für euch am Kreuz gestorben ist... und auch zum nächsten Oblatenkauer: Dies ist der Leib Jesu Christi... Schließlich patrouillierte er mit einem silbernen Kelch mit Weißwein (!) gefüllt entlang der Reihe von uns Konfirmanden und sprach feierlich (eher monoton klingend...) die Worte: „Dies ist das Blut Jesu Christi, das er für euch vergossen hat...", und als er mir den Kelch leicht angeschrägt an den Mund hielt, um mir einen Schluck davon anzubieten, erinnere ich mich noch meines Erstaunens darüber, weißes Blut (statt eben – wie man annehmen sollte - rotes Blut) trinken zu sollen, verschluckte mich natürlich vor lauter Schreck, sodass mir der größte Teil des Weines an den Mundwinkeln übers Kinn bis an die seitlichen Halspartien lief, und ich dachte nur: Oh Gott, das fängt ja gut an!

Den Rest des Tages – eines wunderschönen sonnig warmen Frühlingstages – verbrachten wir im Heim bei einem üppigen Mittagsmahl und einer anschließenden extra für uns fünf Konfirmanden festlich zusammengestellten Kaffeetafel auf der hinter dem Haus gelegenen offenen Wiese.

Als Geschenk erhielt ich eine ganz neu gebundene Ausführung der Heiligen Schrift – sprich der Bibel – mit einer vom Herrn Pastor persönlichen Widmung, nämlich eines Zitats des 23. Psalms: Der Herr ist mein Hirte, mir wird nichts mangeln… sowie eine Armbanduhr…

Vielleicht, dass der Eine oder Andere der Meinung ist, meine sich erinnernden Ausführungen bezüglich meiner Konfirmation muten sich ein wenig blasphemisch an, so kann ich nur sagen, dass ich das Ganze aus meiner heutigen (65jährigen) Sicht und dem entsprechenden Abstand zu den Dingen beschreibe, was aber bei Weitem nicht meine damalige Einschätzung der Dinge widerspiegelt, denn ich erinnere mich schon noch meiner damaligen inneren Zerrissenheit, ob ich denn glauben soll, was geschrieben steht oder ob ich mich dem Risiko der gepredigten Verdammnis ausliefern sollte, in der Hölle der Heiden (Menschen ohne den <wahren> Glauben an Jesus Christus und der damit verbundenen Erlösung, sprich, der Aufnahme ins Königreich der Ewigkeit…) und aller anderen nicht gottesfürchtigen Menschen auf Erden in Ewigkeit zu schmoren. Ich war ein Kind, gut, ein Jugendlicher, aber das änderte nichts daran, dass ich die Hölle (geistig) nicht anders einordnen konnte, als höllische Angst vor ihr zu haben! So entschied ich mich für's Glauben, dergestalt, dass ich sogar beschloss, nach dem (hoffentlich irgendwann) bestandenen Abitur Theologie zu studieren, Pastor zu werden und sonntäglich das Wort Gottes von einer erhöhten Kanzel allen daran Glaubenden zu predigen.

Das ist eben auch etwas, an das ich mich – heute darüber etwas schmunzelnd – erinnern kann!

Und woran erinnere ich mich noch?

Ein weiterer Angriff auf mein Leben, ausgelöst durch ein winzig kleines Insekt, das jedoch tausendfach während der Sommermonate unterwegs ist, um wie ein durchgeknallter Vampir auf die Menschen loszugehen und sich immerwährend mit frischem Blut zu versorgen, eine gottverdammte Mücke!

Sie landete eines Tages unbemerkt auf meinem linken Unterarm, etwa fünf Zentimeter vom Handballen entfernt, um mit ihrem vermaledeiten Rüssel in meine zarte Haut einzutauchen und sich satt zu fressen. Leider ließ ich sie auch gewähren, einfach, weil ich sie während ihrer hinterhältigen Attacke gar nicht bemerkte.

Aber so klein die durch ihren Einstich verursachte Wunde auch war, sie wollte eben heilen und fing während dieses Prozesses auch fürchterlich zu jucken an. Und was tat ich wohl wider bessores Wissen? Ich versuchte, das lästige Jucken mit dem Kratzen meiner Fingernägel zu vertreiben, wieder und immer wieder, sodass sich die Wunde - statt zu heilen - entzündete, und da ich damals mit zehn oder elf Jahren noch nicht so mit dem Pflegen meiner Fingernägel zugange war - geschweige denn, sie auch regelmäßig zu säubern – gelangte leider ein Haufen Dreck von Sand, Staub und was weiß ich nicht alles mit in die noch offene Wunde und begab sich mit auf die Reise des fließenden Blutes Richtung meines Herzens – über den sich von der entzündeten Wunde beginnenden und den Arm hinaufwandernden blauen Strich machte ich mir keine weiteren Gedanken, wohl aber registrierte ich einen gewissen Schmerz im Arm und fand alsbald heraus, dass der Schmerz nachließ, sobald ich den Arm nach oben hielt und ihn während des Sitzens an einem Tisch mit dem Ellbogen auf selbigen abstützten konnte. Diese Körperhaltung bei Tisch widersprach allerdings grob den allgemeinen Tischsitten, sodass sich eine Erzieherin auf den Weg zu meinem Platz aufmachte, um auf mein Vergehen gegen die Tischmanieren entsprechend pädagogisch einzuwirken. Sie packte mich grob am linken Handgelenk, sodass ich unverhältnismäßig laut aufschrie und wollte – wie es in einem solchen Fall eben üblich war – den Arm nach oben reißen um ihn dann mit dem Ellbogen auf den Tisch aufzuschlagen, um mir zu verdeutlichen, dass der Ellbogen auf der Tischplatte nichts zu suchen habe! Aber sie stockte noch innerhalb dieses Bewegungsvorgangs und sah von ihrem Vorhaben ab, betrachtete stattdessen äußerst erschrocken den auffälligen blauen nach oben führenden Strich auf meinem Arm und bemerkte sofort, dass es sich ganz offensichtlich um eine schon heftig weit fortgeschrittene Blutvergiftung handelte, und der blaue Strich schon bedrohlich weit den Oberarm bis hin zur Achselhöhle erklommen hatte...

Im nahe gelegenen Oskar-Helene-Heim wurde das Ganze mit einer Quecksilberdurchsetzten Flüssigkeit übergossen, der Arm mit einer von einem Verband umwickelten Schiene verbunden, und der Arzt verabschiedete mich mit den Worten, dass ich da ja wohl noch einmal großes Glück gehabt hätte, nur ein paar Stunden später, und die Vergiftung hätte durchaus die Herzkammern erreichen können!

Mal eine ganz andere Geschichte, an die ich mich eben so gar nicht mehr erinnern konnte (und auch heute noch nicht kann), wie sie mir eine alte Klassenkameradin aus der 7. Klasse der "Drosteschule" erzählte, als sie uns erst kürzlich besuchte, und ich sie danach fragte, wie eigentlich unser damaliger Kontakt - der sich ebenfalls bis zum heutigen Tage, wenn auch mit einer jahrzehntelangen Unterbrechung - gehalten hat, zustande kam.

Die damaligen Tage gestalteten sich glücklicher und zufriedener, wenn ich das Gefühl hatte, mit einem Mädchen zu gehen, sprich, eine Freundin an meiner Seite zu wissen. Offensichtlich hielt ich Christel (so sie denn heißt) eben genau dafür und begleitete sie nach Schulschluss stets noch ein Stück ihres Heimwegs und bog wohl jedes Mal auf einer über die Wannseebahn (heutige S 1...) führende Straßenbrücke ab, um von dort aus meinen mich nach Hause bringenden Bus zu erreichen.

Christel erzählte wohl auch irgendwann einmal zu Hause von mir, einfach nur, dass sie mich halt kenne, da ich in ihre Klasse ginge und ich sie stets ein Stück bis zur besagten Brücke begleiten würde - alles ganz harmlos, eben nur so, weiter sei da gar nichts... Dennoch witterte ihre Mutter eine große Gefahr in dieser Verbundenheit, sah sich genötigt, ihre Tochter davor zu warnen, sich nicht schon zu früh derartig zu binden, erst einmal das Leben ungebunden (in Freiheit?...) zu genießen und Derartiges mehr! Vielleicht verstand Christel zu der Zeit die Welt noch nicht ganz, aber in diesem Augenblick war sie sich absolut sicher, ihre Mutter auf keinen Fall richtig zu verstehen!

Doch schließlich beugte sich auch Christels Mutter den realen Bedingungen, besuchte sogar Thusnelda in ihrem Büro, stellte sich ihr vor und machte ihr deutlich (und klar...), dass sie sich keine Sorgen um mich machen müsste, ich sei in ihrer Familie herzlichst willkommen und auch bestens aufgehoben!

So wurde ich denn auch von Christel (und ihrer Mutter) zu ihrem Geburtstag (einige Tage vor dem meinigen) eingeladen und – das ist das einzige Bild, das mir noch in Erinnerung geblieben ist – auf einem winterlichen Spaziergang in den Straßen ihrer Umgebung behandschuht aber Händchen haltend daher schlenderten. Und genau das war wohl für mich Grund genug, unser Zusammensein als eine feste (im Sinne von unerschütterliche) Beziehung anzusehen, denn – so erzählte mir eben Christel erst kürzlich – standen wir wieder einmal nach Schulschluss zusammen auf der besagten Brücke, und ich hatte ihr wohl in einem Brustton tiefster Überzeugung von meinen Zukunftsplänen erzählt, nämlich, dass ich, wenn wir später denn auch einmal verheiratet sind, unbedingt einen Dackel zu Hause haben möchte.

Doch diese Zukunftsplanung ging Christel (verständlicherweise) denn doch zu weit, wobei sie dabei natürlich nicht den Dackel meinte! (Oder vielleicht doch, in dem Sinne, dass sie lieber einen anderen Hund bevorzugt hätte?...)

Danach verblich unser Kontakt mehr und mehr, zumal wir im nächsten Schuljahr gar nicht mehr in der gleichen Klasse saßen, da unsere 7. Klasse in der Klassenstufe acht auf die drei unterschiedlich ausgerichteten 8. Klassen verteilt wurde.

Aber, wie Christel und ich uns nach Jahren wiedergetroffen haben, und was wir in den letzten gut zwölf, dreizehn Jahren alles zusammen erlebt und bewerkstelligt haben, nun – wie soll man es anders vermuten – ist eine andere Geschichte!

Auf dem Gymnasium lief es anfangs noch ganz gut, zumindest in der 7. Klasse, doch schon in der nächsten, in der 8. Klasse, ging es allmählich bergab, und es kristallisierten sich schnell meine Stärken, aber eben auch meine Schwächen heraus. Große Probleme hatte ich von da an stets mit den Fächern Mathe und Englisch; in Französisch rutschte ich schnell von einer Drei auf eine Vier und hatte so meine Mühe, diese Vier auch man gerade so zu halten. Andere Fächer wie Biologie, Erdkunde und auch Geschichte bewegten sich unter Fernerliefen, punkten konnte ich dagegen mit den Fächern Deutsch und Musik (jeweils gut und sehr gut) und Sport natürlich.

Es war - wie an anderer Stelle schon beschrieben - die Zeit meiner depressiven Phasen, mit denen ich mir selbst und dem größten Teil meines sozialen Umfelds in Schule und Heim wohl mörderisch auf den Keks ging, insbesondere eben auch meinem damaligen Klassenlehrer, der unsere Klasse in den Fächern Französisch und Kunst unterrichtete. So nahm denn der gute Herr Harndt auch diesbezüglich Kontakt zu Thusnelda auf, berichtete ihr von meinem Zustand und den damit verbundenen schlechten schulischen Leistungen, um mit ihr zu beratschlagen, wie man mir da wohl am besten helfen könne, speziell eben auch im Hinblick darauf, den doch etwas gehobeneren Anforderungen eines Gymnasiums gerecht werden zu können...

Gleiches machte er auch auf einem Elternabend zum Thema und fragte in die Runde der Anwesenden, wer sich denn bereiterklären könnte, sich um das arme Heimkind Detlef Öhlschläger etwas mehr zu kümmern, damit dieser auch mal Familienluft schnuppern könne, und dass genau das ihm vielleicht ein wenig helfen könne…

Erwähnte Mamioschka, Mutter meiner Klassenkameradin Miriam, war die erste, die „Hier" rief, und so kam eben – wie auf etlichen Seiten zuvor beschrieben – der Kontakt zur Familie Rugenau zustande…

Letztendlich hatte ich mich durch die 8. Klasse so hindurchgewurschtelt, doch wollte sich mein Konzept des sich am Rande des noch Verträglichen so Dahinschlängelns in der nächsten Klasse nicht mehr bewähren – ich blieb nun doch sitzen und bekam so durch das Wiederholen der 9. Klasse auch neue Klassenkameraden (und natürlich auch –kameradinnen!..)

Das Wiederholen der 9.Klasse brachte mir tatsächlich die Möglichkeit eines gewissen Anschlusses an die mir teilweise unbekannte Materie einiger Unterrichtsfächer wie eben Mathe, Englisch und auch Französisch, und meine Noten rutschten durchweg eine Stufe höher.

Damit einhergehend verbesserte sich auch mein seelischer Zustand, und ich wurde wieder reger, neue Kontakte - auch außerhalb der Schule, dann allerdings innerhalb meines zweiten großen sozialen Umfelds, nämlich der Kirchengemeinde - insbesondere natürlich zum anderen Geschlecht, aufzubauen... und so lernte ich eines Tages - weiß allerdings nicht mehr, wie genau - ein Mädchen Namens Birgitta kennen, deren Familie eine alte Villa im herrlich gelegenen Bezirk Westend bewohnte.

Wir waren richtig ineinander verliebt, das heißt, zumindest mit den Gefühlen innerlich durchtränkt, von denen wir nach unserem damaligen Verständnis der Dinge annahmen, dass es sich um die unendliche und damit ewige Liebe handeln musste. So waren wir denn auch jedes Wochenende zusammen, gingen sonntags nach dem Mittagessen immer ins nahe gelegene Kino in die Nachmittagsvorstellung, spazierten des Sommers oft durch die vielen, alle nach Bäumen benannten kleinen Neben- und Seitenstraßen der im Schatten des Großstadtverkehrs gelegenen beschaulichen Villengegend oder blieben einfach nur auf ihrem Zimmer, um stundenlang zu knutschen, wobei ich nicht müde wurde, ihren noch jugendlichen makellosen Körper mit den Fingern zu erkunden um ihn so besser kennenzulernen, aber mehr, als das Ergreifen ihrer noch zarten kleinen Brüste ließ sie (leider) nicht zu, wohingegen sich ihre zwei Jahre ältere Schwester schon ganz anderer Zugriffe ihres ebenfalls schon etwas älteren Freundes erwehren musste!

In der Schule hatte ich durch das Wiederholen der 9. Klasse nun eine neue Klassenlehrerin, die auch gleichzeitig den kleineren (sprich: 7. bis 9. Klasse, später dann auch den größeren) Schulchor leitete, dem ich fortan mit meiner Tenorstimme angehörte. Gegenüber dem gewohnten Singen deutscher Volkslieder bedeutete hier nun das mehrstimmige Singen von Madrigalen, teils in italienischer und lateinischer Sprache sowie etlichen Oratorien, eine erhebliche Steigerung des Niveaus und die damit verbundene Herausforderung einer disziplinierten Erarbeitung dieser Stücke. Ich erinnere mich auch heute noch zu gerne an die damaligen ersten Chorproben ob meiner Faszination des klanglichen Zusammenspiels aller vier verschiedenen Stimmen der vom Sopran,

Alt, Tenor und Bass erzeugten Töne und einer fast ganzkörperlichen Gänsehaut, die ich dabei zu spüren bekam!

Es blieb jahrelang eine musikalische Sphäre, in der ich mich immer wieder gerne aufhielt und geborgen fühlte. Den akustischen Höhepunkt eines nicht mehr zu überbietenden kosmischen Klanges bildete dabei unsere Darbietung des von Georg Friedrich Händel komponierten HALLELUJAH im Bremer Dom!

Wie gesagt, für uns Schüler (und natürlich auch Schülerinnen…) war das Fach Musik jetzt ein Hauptfach, und in jedem Halbjahr eines Schuljahres vertieften wir uns in ein Spezialgebiet der verschiedenen vielfältigen musikalischen Stilrichtungen, durchleuchteten den Aufbau der klassischen Sinfonien, Opern, Oratorien und weiterer Werke der berühmtesten Komponisten wie Beethoven, Mozart, Bach, Hayden und wie sie auch alle hießen…, besuchten des Abends die Deutsche Oper zu Mozarts "Hochzeit des Figaro", lernten das Innenleben der Philharmonie zu Beethovens Klavierkonzerten kennen oder besahen uns Operetten und auch Musicals im Theater des Westens und ähnliches mehr…

Ein anderes Halbjahr lang beschäftigten wir uns ausschließlich mit Jazzmusik in all ihren verschiedenen Formen, hörten dazu unzählige (Schall)Platten und besuchten ebenfalls beispielhafte Konzerte.

Natürlich betrachteten wir uns auch den Aufbau der damals aufkommenden Beatmusik, den meine Klassen- und gleichzeitig Musiklehrerin im Vergleich mit den unzähligen klassischen Werken immer etwas negativierte mit der Begründung, es sei ja einfach nur eine banal komponierte Musik, die sich lediglich der Tonika, Dominante und der Subdominante bediene. Was sie dabei nicht verstand oder eben auch nicht verstehen wollte, war die Tatsache, dass diese ihrer Meinung nach so banal komponierte Musik schon bei den ersten Takten der damaligen Bands wie Rolling Stones, Beatles, Kings, Manfred Man und Eric Burdon und wie sie auch alle hießen, ein automatisches Mitzucken des Taktes in den Kniegelenken hervorrief, und dass man nach dieser Musik eben mehrere Bereiche seines Innersten spürte und demzufolge sofort anfing, danach zu tanzen, während demgegenüber klassische Konzerte eher mentale wie auch körperliche Müdigkeit erzeugten und als Reaktionen irgendwann nur noch ein müdes Gähnen zuließen!

Dennoch, ich erhielt Einblick in die Welt der Reichen und Schönen, die mit schwarzen Limousinen vor die Pforten der Philharmonie, der Deutschen Oper und unzähliger Theaterhäuser vorfuhren, verkleidet in schicken Gewändern, korrekt sitzenden Anzügen bis hin zum Frack und Smoking, in den Pausen an den Stehtischen und Sitzecken der Foyers teuren Champagner trinkend, lachend und schwatzend den Pseudoreichtum in Verbindung damit, den gesellschaftlichen Anspruch eines obligatorischen Besuchs eines allgemein anerkannten Kulturangebots zu demonstrieren.

Mit sechzehn Jahren erhielt ich sogar über ein Projekt des Berliner Senats (Theater der Schulen) ein Jahresabonnement für die Berliner Theater- und Konzertbühnen und besuchte (ganz allein) einmal im Quartal entweder ein renommiertes Theater oder die Deutsche Oper und lernte dabei so gut wie fast alle Theaterbühnen des damaligen Westberlin kennen.

In dem Zusammenhang erinnere ich mich heute noch an ein Erlebnis, das ich zur damaligen Zeit noch gar nicht in der Lage war richtig einzuschätzen. Es geschah beginnend im Foyer des Schillertheaters während der Pause zu Schillers Stück: " Kabale und Liebe", als ich mit einem Glas Sekt in der Hand gerade damit beschäftigt war, mir mein Zigarettenpäckchen aus der Jackettasche zu angeln, um mir eine anzustecken. Gerade hatte ich die Zigarette (vorzugsweise eine Attika, die zur damaligen Zeit als besonders schick zu rauchen galt), zum Mund geführt, da blitzte vor meinen Augen die Flamme eines Feuerzeugs auf, verbunden mit den Worten einer weichen aber doch direkt festen Stimme eines Herrn - gut zwanzig Jahre älter als ich - ob er mir vielleicht freundlicherweise Feuer geben dürfe… Oh ja, vielen Dank, entgegnete ich höflich ohne auch nur weiter darüber nachzudenken, wieso mir ein im Vergleich zu mir etwas älterer Herr, Feuer für eine Zigarette darreichte, eine Geste, wie man sie wohl besser einer schönen Dame angedeihen ließe…

Wir schwatzten ein wenig über das bisher gesehene Stück, wie es denn gefiele, ob es denn ein angenehmer Abend sei, wie schön sich doch der Spätsommerabend gestalte, und ja, er wünsche mir noch viel Spaß weiterhin, vielleicht, dass wir uns ja einmal wiedersehen würden…

Was wir auch taten, denn wie zufällig sprach mich eine mir wohlbekannte Stimme in meinem Rücken beim Durchqueren der Ausgangstür an, ach, da sei ich ja auch schon wieder, na was für ein Zufall, ob wir denn noch zusammen eine rauchen wollten...

Also standen wir rauchend (selbstverständlich gab er mir wieder mit seinem schicken Feuerzeug das zum Entzünden der Zigarette notwendige Feuer) auf der Straße, wobei er (wie mir erst sehr viel später auffiel) die Initiative für den Beginn eines Gesprächsthemas übernahm: Er sei nur zu Gast in Berlin, erklärte er mir und müsse am nächsten Morgen schon wieder zurück nach Hause, und er kenne sich so gar nicht aus in der Stadt, ob mir denn ein gutes Lokal in der Nähe des Kurfürstendamms einfallen würde, er würde mich doch gerne noch auf ein schönes Glas Wein einladen wollen...

Noch während ich ihm ein Lokal in einer Seitenstraße des Ku'Damms vorschlug, winkte er bereits ein Taxi heran. Im Hanke, einem exklusiven Speiserestaurant in der Fasanenstraße, sprachen wir dann über dies und jenes, was jeder so treibt, wenn er nicht gerade ins Theater geht, welche Ziele und Pläne man so für die Zukunft habe und ähnliches mehr... bis er mir dann zu verstehen gab, dass er mich sehr sympathisch fände, ob ich ihn noch zu seinem Hotel begleiten würde, das von hier aus jetzt nur fünf Minuten zu Fuß entfernt sei.

Möglich, dass der nicht gerade wenig verkonsumierte Alkohol seine Wirkung tat oder ich eben doch die Reinkarnation einer naiv beseelten Arglosigkeit in mir trug – ich ging mit hinauf in sein Hotelzimmer, obwohl ich plötzlich nicht mehr so richtig wusste, warum ich das eigentlich tat und nun doch - wenn auch noch sehr weit entfernt – eine kleine Alarmglocke zu läuten begann.

Sein Hotelzimmer war weiträumig und äußerst luxuriös eingerichtet, es roch förmlich aus jeder Ritze nach Geld und hohem Wohlstand, dessen Umsetzung in materielle Güter mir so noch nicht in Erscheinung getreten war, und plötzlich wurde mir auch klar, dass dieser Mann hier seine kostbare Lebenszeit mit irgendeinem stressigen Job im Management oder im Bankwesen, oder vielleicht war er sogar in der Politik beschäftigt, verschwendete, der ihm aber unheimlich viel Geld einbringen musste und dass er für den heutigen Abend (wenn es denn stimmte, dass er morgen früh wieder abfahren musste) auf der Suche nach einem Vergnügen war, dem Vergnügen, sexuelle Bedürfnisse zu befriedigen. Mit mir! Also raus hier, dachte ich nur noch, griff in dem Moment nach meinem über der Stuhllehne hängenden Jackett, da er gerade mit zwei Gläsern und einer Flasche Rotwein in den Händen aus der Küche trat und verließ fluchtartig den Raum, hörte ihn noch mir hinterherrufen, ich solle doch mal warten, er wolle mir doch gar nichts Böses, und es wäre bisher doch so ein schöner Abend gewesen... Ich wartete gar nicht erst auf den Fahrstuhl, sondern hastete die Treppe, gleich zwei, drei Stufen auf einmal nehmend - jetzt doch ziemlich panisch - hinunter, vorbei am etwas verdutzt dreinschauenden Portier hinter seinem wahrscheinlich allein schon einhundertsechzigtausend D-Mark teuren Empfangstresen raus auf die Straße, um dort erst einmal tief durchzuatmen, und dabei schwor ich mir selbst, in Zukunft etwas besser aufzupassen, wem man und mit welcher Absicht begegnet!

Was mir leider in vielen anderen Momenten meines weiteren Lebens nicht immer gelungen ist. Und? Nun, das alles sind eben auch noch ganz andere Geschichten!

Tja, was geschah noch so in den Jahren, da ich als Teenie heranwuchs, und die stolzen Jugendjahre von vierzehn bis achtzehn, neunzehn zählen konnte?

Irgendwann einmal – ich bewohnte nun schon als einer der ganz Großen das mit nur noch zwei Doppelstockbetten ausgestattete Turmzimmer – traten wir in den Hungerstreik, nachdem wir von der sechstausenddreihundertvierundsiebzigsten Kelle Haferschleim endgültig die Nase voll hatten und auch bezüglich unseres Mittagessens der Meinung waren, einmal unser allgemeines Missfallen zum Ausdruck bringen zu müssen.

Anfangs waren es nur die vier das Turmzimmer bewohnenden Streikenden, doch irgendwie sprach sich die Sache schon am zweiten Tag unserer Essensverweigerung im Hause herum und alsbald schlossen sich uns auch weitere Heiminsassen an, sodass wir am dritten Tag schon ganze zwölf aktive Rebellen wider das allgemeine Heimessen zählten.

Aber schon am Abend des zweiten Tages trieb uns der Hunger zu streikbrechenden Maßnahmen, dergestalt, dass wir die Reste unseres übriggebliebenen Taschengeldes zusammenkratzten und zwei von uns den nächstgelegenen Bäcker erstürmten sowie den kleinen Meyer-Einkaufsladen nebenan und mit zwei Riesenbroten und acht Töpfen Schmalz bewaffnet unser Streikbüro versorgten, und dass wir alle gemeinsam wie ausgehungerte Raubtiere in der Wildnis die Schmalzstullen verschlangen.

Ein schmähliches Ende unseres wild ausgerufenen Hungerstreiks, der so gar nichts einbrachte und dazu nur Thusneldas lakonischer Kommentar: " Wer nichts essen will, ist eben schon satt!" als Fazit des Streiks blieb…

Eines Tages, ich hatte inzwischen vierzehn oder fünfzehn Winter überstanden, da bekamen wir ein neues männliches Gesicht in unserem Hause zu sehen, einen gewissen Walter Scherf, der seines Zeichens gerade frisch von der Beendigung seines Wehrdienstes aus Westdeutschland zu uns nach Berlin kam und über das Diakonische Werk in den Gemäuern unseres Haus Wartburg landete, um als Hausmeister, Helfer im Erziehungsdienst und noch anderes mehr, sprich: als Mädchen für alles zu arbeiten.

Im Laufe der nächsten Zeit und dann über etliche Jahre hinweg sollte sich zwischen uns eine ganz bestimmte Beziehung entwickeln, die mir sowohl im geistigen als auch im manuellen Bereich eine große Bereicherung bescheren sollte.

Walter Scherf bezog ein Zimmer im Kellergeschoss unseres Hauses, direkt neben der Küche und gegenüber dem Heizungsraum und der Waschküche. Er war nur knapp zehn Jahre älter als wir vierzehnjährigen Jugendlichen und fand durch seine authentische Art auch schnellen Kontakt zu uns. So lernten auch wir uns alsbald im Alltagsgeschehen ziemlich schnell näher kennen, dergestalt, dass er mich auf ein Gespräch in sein Zimmer einlud, und er mir aus seinem bisherigen Leben erzählte, wie er schon früh zuhause auszog, seinen Wehrdienst bei der Bundeswehr absolvierte, dort selbst zum Rettungssanitäter ausgebildet wurde und nebenbei alle Führerscheine, die es nur geben konnte, also vom einfachen Jeep über Lastwagen mit Anhängern bis hin zu allen Kettenfahrzeugen wie Panzer und ähnliche andere Vehikel erlangte und nun nicht so richtig wisse, was er mit alledem eigentlich anfangen sollte.

Wir sprachen auch über Frauen, über die sich aus solchen Beziehungen ergebenden Probleme, und er erzählte mir von seiner großen unglücklichen Liebe zu einer Frau aus seinem bisherigen Lebensbereich in Westdeutschland, dass er letztendlich vor ihr geflüchtet und nun genau aus diesem Grunde in Berlin gelandet sei…

In vielen weiteren Gesprächen diskutierten wir über Gott und die Welt, wobei er oft versuchte, meine teils noch von ungeordneter Wildheit geprägten Ansichten über die Welt zu bändigen, und mich zu mehr reflektierenden Techniken zwang sowie meine Rhetorik verbesserte.

Wir diskutierten auch über Gott, über das Weltall, den Kosmos, und Begriffe wie Unendlichkeit (im Vergleich zum endlichen Dasein) und

Ewigkeit bekamen plötzlich einen anderen Kontext, aus dem Glauben an Gott formulierten sich frevelhafte Fragen über dessen tatsächliche Existenz, Glaube und Atheismus standen für mich fortan in einem nagenden Widerspruch, für den es keine Lösung zu geben schien – mein bis dahin von kindlicher Naivität vorgegebener Glaube war spätestens ab diesem Zeitpunkt in sich zusammengebrochen und eine große Suche nach einem neuen, anderen Glauben begann...

Einige Zeit später gesellte sich unserem Stamm von Erzieherinnen eine weitere Frau namens Edeltraud aus dem Süden Deutschlands hinzu, und noch bevor ich mich in sie verlieben konnte, landete sie eben schneller in Walter Scherfs Bett und... wurde auch gleich schwanger.

Diese eine nächtliche Begegnung (heutzutage nennt man es ja One-night-stand) der beiden Liebenden hatte eine grundlegende Änderung in der Lebensplanung des Walter Scherf zur Folge: Er gab kurzerhand die Verlobung mit Edeltraud Kettler bekannt und nahm sie zu sich in sein Kellerzimmer, heiratete sie (still und leise) nur wenige Wochen später und begann damit, das durchaus geräumige Zimmer dergestalt umzubauen, dass es einen größeren Kleiderschrank, ein breites Doppelbett sowie eine Babyecke beherbergen konnte.

Da auch unser Kontakt immer enger wurde und ich eben viel Zeit mit ihm verbrachte, half ich ihm beim Bau der von ihm geplanten Möbel und erlernte dabei so allerlei handwerkliche Dinge inklusive der dazugehörigen Tricks, mit scheinbar widerspenstigen Baumaterialien umzugehen, vom Zusammenbau eines, aus tausend verschiedenen Brettern bestehenden, Riesenschrankes mit selbst gebauten Schiebetüren bis hin zum Tapezieren von nur grob verputzten Wänden und vieles, vieles mehr...

Um seine künftige, recht spontan entstandene Familie auf lange Sicht auch vernünftig ernähren zu können, beschloss er, auf einer Abendschule zunächst das Abitur nachzuholen, um dann auf der Uni ein Ingenieurstudium zu absolvieren. Er hielt das alles tatsächlich auch eisern durch mit einer energischen Entschlossenheit, für die ich ihn heute noch bewundere!

In der Schule waren wir unterdessen unter anderem gerade damit beschäftigt, unsere geplante Klassenfahrt nach Polen inhaltlich vorzubereiten, die im kommenden Herbst stattfinden sollte.

Zuvor behandelten wir im Fach PW (Politische Weltkunde als Ablösung des bisherigen Fachs Geschichte) die Zeit des Deutschen Nationalsozialismus' in allen grauenhaften und für uns Jugendliche nur schwer verständlichen Einzelheiten, die so manche heftige Diskussionen und konträre Ansichten darüber unter uns Schülern (und Schülerinnen…) hervorriefen. Insbesondere wurden diese Diskussionen von einer gewissen Karina Eber, der Tochter des damaligen Schulsenators, geprägt, die durchaus politisch fundiert gebildet, keinen Hehl daraus machte, als Gesellschaftssystem nichts anderes als den Sozialismus zu akzeptieren, und die aus einer sich daraus scheinbar entwickelnden Logik auch alle sozialen, kulturellen und bildungsbedingten Probleme mit der bestehenden kapitalistischen Gesellschaftsform zu erklären versuchte.

Gerade in dieser Zeit ergab es sich, dass ein großer Filmvormittag in der Aula unseres Gymnasiums für alle zehnten und elften Klassen arrangiert wurde. Wir sahen die als Doku zurechtgemachte Verfilmung des Buches von Adolf Hitler: Mein Kampf – ich habe nie in meinem Leben einen schlimmeren Horrorfilm gesehen!

Zum Schluss des Films gab es für uns alle eine von geladenen Fachleuten geführte Podiumsdiskussion, und zu meinem großen Erstaunen beteiligte sich ausgerechnet Karina, die all die Zeit während der Filmvorführung neben mir auf der Bank saß, in keinster Weise an dieser Diskussion. Stattdessen spürte ich plötzlich ihre Hand auf meinem Oberschenkel und – indes sie so nahe an mich heranrückte, dass ich sogar ihren Atem spüren konnte – durchfuhr mich sogleich eine heiße Woge erotischen Verlangens wie ein heißer Blitz, und mir schien, als spürte ich meinen Herzschlag auch noch in den Fußsohlen.

Niemand von den zahlreich vorhandenen Schülern und den Lehrern (!) in der Aula bemerkte, wie wir uns beide heimlich davonstahlen, schnellen Schrittes die Straße zur S-Bahn liefen, ungeduldig auf dieselbe warteten, um die zwei Stationen zu Karinas elterlicher Wohnung zu fahren - wie wir - endlich in der Wohnung angekommen, küssend übereinander herfielen und uns dabei die Kleider vom Leib rissen und schließlich halb nackt wie von Sinnen auf ihrem Bett landeten.

Sie lag unter mir, und ich versuchte, meinen Herzschlag und meinen Atem zu beruhigen, meine bis zum Bersten spürbare Erregtheit in den Griff zu bekommen…

Auch Karina schien sich mehr und mehr zu beruhigen und jetzt, da wir dabei waren, gemeinsam die Ouvertüre miteinander zu spielen, schaute sie mich plötzlich schelmisch aus ihren blitzenden blauen Augen an, als wollte sie sagen, ich solle jetzt einfach machen, worauf ich eben Lust hätte. Wie sie so da lag, glitt mein Blick von ihrem sommersprossigen Gesicht über ihre wundervoll geformten Schultern, und meine Hände glitten wie von selbst über ihre noch junge sechzehnjährige zarte Haut, näherten sich alsbald ihren groß geformten Brüsten, um dann doch wieder den Weg nach oben zu nehmen, über ihre Schultern beidseitig längs ihres schlanken Halses hinauf, um sich dann in ihren wilden blonden Haaren zu vergraben. Sie zog mein Gesicht vor ihre vollmundigen Lippen und begann, es Millimeter für Millimeter mit Küssen zu bedecken, bis sich unsere Lippen trafen und die Berührung unserer Zungen einen erneuten erotischen Wellenritt hervorrief. Dann lösten sich unsere Lippen voneinander, und ich ließ meinen Mund auf eine küssende Wanderschaft entlang ihres Körpers gehen, begann wieder am Hals und küsste sie stets ein kleines Stück tiefer den Oberkörper hinab. Als meine Zunge erst ihre rechte und wenig später auch die linke Brustwarze berührte, stöhnte und bäumte sie sich leicht auf, vergrub ihre Hände in meinem Rücken, und ich konnte spüren, wie sich ihre halblangen Fingernägel leicht kratzend über meine Haut bewegten.

Meine Lippen setzten indes unbeirrt ihren küssenden Weg fort, in ihrem Bauchnabel ließ ich meine Zunge einmal kurz kreisen, was bei ihr ein leises Kichern hervorrief. Vom unteren Rand ihres Bauchnabels suchte sich nun meine Zunge den geraden Weg weiter abwärts – ihre rötlichbraunen Schamhaare kitzelten kurz meine Nasenspitze und plötzlich spürte meine Zunge zartes nacktes Fleisch. Ich hielt kurz inne, und Karina ergriff mit ihren beiden Händen meinen Hinterkopf und drückte ihn leicht weiter nach unten – meine Zunge glitt dadurch schon fast automatisch zwischen ihre nassen Schamlippen. Es schmeckte herrlich salzig, und Karinas durch meine leckende Zunge erneut hervorgerufene Erregtheit steigerte sich dermaßen, dass ich sie mit meinen Händen an ihren Hüftknochen festhalten musste, wenn wir nicht Gefahr laufen wollten, durch ihre heftigen Auf- und Abbewegungen von der Bettkante zu fallen.

Es dauerte gar nicht lange und noch bevor sich meine Zunge schon fast verkrampfen wollte, bebte ihr gesamter Körper in einer riesigen schwingenden Bewegung, begleitet von ihrem wollüstigen Stöhnen der sich in ihrem Körper ausbreitenden orgastischen Vehemenz. Ganz langsam fuhr ihr Körper die durch den soeben erlebten Höhepunkt entstandene Erregtheit wieder herunter, ihr Atem beruhigte sich mehr und mehr, und ich glitt langsam an ihrem schweißgebadeten Körper aufwärts, bis sich unsere ausführenden Organe unserer lustvollen Begierde auf gleicher Höhe befanden. Kurz sahen wir uns an und aufgrund meines etwas fragenden Blicks drückte sie meine Schultern herunter, sodass sich unsere Gesichter trafen und flüsterte mir ins Ohr: "Komm! Komm' jetzt! Ich nehm' die Pille!"

Mein schon seit Stunden dauerhaft erigierter Liebesstab drang nun langsam in sie ein - es fühlte sich nass und warm an. Wir waren beide keine Jungfrau mehr und ich begann - erst in einem langsamen Rhythmus, dann immer schneller werdend in sie hineinzustoßen; ich habe die einzelnen Stöße nicht mitgezählt, aber mehr als zehn waren es bestimmt nicht, dass ich mich in ihr entlud und danach noch lange Zeit - mein Gesicht in ihrem Hals vergraben - auf ihr liegen blieb, erschöpft und zufrieden!

Es war bis dahin eine der schönsten Begegnungen mit einer Frau, die seltsamerweise als solches für sich stand, sozusagen ohne Nebenwirkungen, wie zum Beispiel sich in sie zu verlieben oder dem Begehren nachzujagen, sie unbedingt als feste Partnerin an meiner Seite wissen zu wollen oder eben anderes mehr…

Sie musste es ähnlich gesehen haben, zumal ich wusste, dass sie zwar noch ein Zimmer in ihrem elterlichen Zuhause besaß, aber schon seit mindestens einem halben Jahr eine WG irgendwo in Schöneberg mit mehreren Männern und Frauen - besser gesagt: gesinnungstreuen Genossen und Genossinnen - zusammen bewohnte, und der damalige Spruch der 68ger-Bewegung: Wer zweimal mit der Gleichen pennt, gehört schon zum Establishment, auch praktiziert wurde!

So blieb denn auch unser Kontakt - immerhin besuchten wir ja die gleiche Klasse - völlig frei und ungezwungen, teils freundschaftlich wie aber auch immer wieder sehr streitsüchtig, da ich oft gegen ihre dogmatisch festgelegte politische Meinung aufbegehrte, obwohl ich zu der Zeit noch keine klare Alternative anzubieten hatte, bewusstseinsmäßig eher in einem nebulösen Irgendwo gefangen blieb...

Wir sind uns einige Zeit später allerdings, in einem Hotelzimmer in Warschau während unserer Klassenfahrt nach Polen noch einmal im Bett begegnet, und auch diese Nacht stand im Reiz des Erlebens unserer ersten Begegnung in nichts nach!

Später dann verloren wir uns aus den Augen – wieder eine andere Geschichte, die sich im zweiten Teil meiner Biografie wiederfinden wird...

Wie hatte ich überhaupt meine Unschuld verloren?

Eines Tages... nach den Osterferien des Schuljahres 66/67 – ich war zuvor nun in die zehnte Klasse versetzt worden – betrat ich den Klassenraum, und dort saß an einem Tisch zu meiner großen Überraschung Amelia Steinermann, die zwei Jahre zuvor meine Klassenkameradin in der neunten Klasse war, die ich dann ja wiederholen musste, und nun hatte es Amelia erwischt, die ihrerseits nun die zehnte Klasse wiederholen musste. „Ach", sagte ich zu ihr als Begrüßung, „so also sieht man sich wieder!"

Wir sahen uns nicht nur des Vormittags im Klassenverband sondern auch oft noch am Nachmittag im Hause Rugenau, was letztendlich zur Folge hatte, dass sich zwei verschiedene Klassencliquen miteinander vermischten.

Wie auch immer... entwickelte sich zwischen Amelia und mir bald ein intensiverer Kontakt, sodass wir – statt nach Schulschluss mit zu Miriam zu gehen - mehr Zeit in Amelias kleiner, aber feinen Zweieinhalbzimmerwohnung verbrachten.

Amelia lebte nur noch mit ihrer Mutter und ihrer größeren Schwester, die ebenfalls die Drosteschule besuchte und kurz vor dem Abitur stand, zusammen. Die Mutter ihrerseits war tagsüber berufstätig, sodass Amelia und ich oft für zwei, drei Stunden alleine zusammen sein konnten.

Amelia war ein ausgesprochener Beatlesfan und legte stets die neueste, gerade von den Beatles produzierte Platte auf. Dann saßen wir oft gemeinsam auf der Couch ihres Zimmers, rauchten Zigaretten und unterhielten uns so über die Dinge unseres Lebens, bis wir uns eines Tages... den ersten Kuss gaben.

Es blieb natürlich nicht nur beim Küssen, denn es lag und liegt auch heute noch in der Natur der Sache, dass vierzehn-, fünfzehnjährige Jugendliche (von denen damals ja ziemlich vehement verlangt wurde, nun mal erwachsen zu werden...) dem Reiz erliegen, bisher noch undefinierte Gefühle auch zu erleben, um sie dann auch benennen zu können.

Und so übersprangen wir eines Tages die Grenze des bisher Unbekannten, lagen plötzlich halbnackt nebeneinander auf der Couch und fingen an, uns von oben bis unten zu berühren mit steigender Erregtheit. Amelia schien mir dabei die Erfahrenere zu sein, und ich ahnte bereits, dass sie wohl keine Jungfrau mehr war.

Ihre Bewegungen mit den Händen wirkten zielsicher, fast schon routiniert, wohingegen ich noch unschlüssig blieb, was ich eigentlich machen sollte oder besser: was ich machen wollte. Da ich irgendwie plötzlich auf ihr lag, und sie mich wild und heftig küsste, glitt ich wie von selbst in sie hinein – sie war so nass, dass ich das Gefühl hatte, mein bis zum Zerplatzen erigiertes Glied in ein Glas voll Wasser zu stoßen und - obwohl ich keinen Widerstand spürte - dennoch auf der Stelle ejakulierte. Nun war auch ich keine Jungfrau mehr, wenngleich ich stets eine ganz andere Vorstellung davon hatte, wie sich so das Erste Mal mit einer Frau gestalten würde.

Auch Amelia schien von alldem etwas enttäuscht zu sein – wortlos befreite sie sich unter mir aus unserer Umklammerung und ging aufs Klo, und ich hatte keine Ahnung, was sie dort tat, denn sie kam erst nach gut zehn Minuten wieder zurück ins Zimmer und begann, sich anzukleiden. Dann schlug sie vor, nach Zehlendorf-Mitte zu spazieren und bei Butter Beck was zu trinken, am Nachmittag, so erzählte sie mir, hätte sie dann noch einen Termin mit ihrer Mutter zusammen...

Im Prinzip waren wir beide vom eben erlebten Geschehnis frustriert, wussten aber weder, wie wir damit umgehen sollten, noch fanden wir passende Worte dazu!

So gestaltete sich unserer weiterer Kontakt denn auch eher platonisch, zumal Amelia über ein großes soziales Umfeld verfügte: mit den Nachbarn auf der gleichen im obersten Stockwerk des Hauses gelegenen Wohnung genau gegenüber, deren große Tochter Maike wiederum mit einem in Berlin stationierten französischen Soldaten liiert war, der wiederum seinerseits Kameraden aus seiner in Reinickendorf gelegenen Kaserne des Öfteren mitbrachte und so weiter und so weiter.

Wir alle saßen oft miteinander beisammen zu langen bunten Romméabenden, tranken, lachten und plauderten wohlgesellig vor uns hin, und ich – in all diesen Zusammenkünften mittendrin – blieb weiterhin bestrebt, doch noch einmal einen intensiveren Kontakt zu Amelia zu bekommen, um das eigentlich verpatzte wesentlich Versäumte nachzuholen.

Aber dazu kam es nicht mehr, zumal sich Amelias Familie samt der Nachbarschaft aufmachte, für sechs Wochen während der damaligen Sommerferien nach Südfrankreich zu fahren, um dort die Hochzeit von Gilles und Maike zu feiern.

So blieb ich erst einmal allein zurück, weiterhin mit der Suche nach dem eigentlich Wesentlichen beschäftigt…

Das ließ auch gar nicht so lange auf sich warten, denn es ereignete sich schon in dem darauffolgenden Herbst, dass ein Mädchen namens Heidi Branzo aus unserer Steglitzer Kirchengemeinde von Thusnelda eingekauft wurde, am wöchentlich sich bei uns im Heim treffenden Frauenkreis der Steglitzer Gemeinde teilzunehmen, der damit beschäftigt war, unsere zerrissenen Socken zu flicken.

Wir waren zu der Zeit beide fünfzehn Jahre alt und irgendwie kreuzten sich immer wieder mal unsere Wege – wir wechselten auch des Öfteren ein paar Worte und eines Tages hörte und sah sie mir beim Klavierüben zu und erzählte mir von ihrem Geigenunterricht, den sie schon seit vier Jahren besuchte.

An einem dieser Tage musste ich noch des Nachmittags nach Steglitz zum Klavierunterricht, und da auch sie in Steglitz wohnte, begleitete sie mich des Wegs und verabredete sich mit mir zum Eissessen bei Eis Hennig auf dem Steglitzer Damm nach meinem Unterricht. Wir diskutierten über das Heim, was dort so alles den lieben langen Tag lang passiert und natürlich auch über Thusnelda, über unseren werten Herrn Pastor und ob ich denn nächsten Freitagabend zum Jugendkreis kommen würde, ihr wäre es nun auch möglich, regelmäßig daran teilzunehmen, da ihr Geigenunterricht auf einen anderen Spätnachmittag verlegt sei.

Wir trafen uns auch am nächsten Freitagabend zu besagtem Jugendkreis in der alten zum Kirchengebäude gehörigen Holzbaracke, und unsere anfänglichen Unterhaltungen arteten mehr und mehr in einen Flirt aus. Schon den nächsten Freitag darauf trafen wir uns in den Büschen hinter der Baracke und begannen wortlos, uns zu küssen und uns zu berühren.

Wie sich unsere Zungen gegenseitig berührten, schienen mich tausend bunte Blitze zu durchzucken und unwillkürlich griffen meine Hände unter ihren Rock, fuhren die nackten Schenkel empor, doch bevor sie das Ziel dieses Ausflugs erreichen konnten, schob sie mich sanft aber energisch genug zurück und gab mir zu verstehen, nicht gleich aufs Ganze zu gehen, dass es besser sei, sich noch etwas für später aufzuheben, sie habe da so ihre Erfahrung... Missmutig und frustriert ließ ich von ihr ab und fragte mich, wann denn wohl später sei...

Die nächsten Freitagabende gingen wir uns aus dem Weg, wechselten lediglich hier und da mal ein paar verstohlene Blicke, ohne dass wir uns weiter annäherten, bis zu jenem Tanzabend, den die verschiedenen Kirchengemeinden einmal monatlich regelmäßig für uns Jugendliche veranstalteten.

Wir trafen uns auf der ziemlich gut besuchten Tanzfläche, auf der jeder für sich zu den uns bekannten Rock- und Popsongs der damaligen Zeit allein tanzte, und ich schwor bei mir, dass ich sie bei dem nächst besten Blues einfach in die Arme nehmen würde, um mich an ihr bei langsamen Bewegungen anschmiegen zu können und sie zu fühlen, denn plötzlich begriff ich, dass ich mich danach schon all die letzte Zeit gesehnt hatte.

Aber es kam kein Blues, stattdessen fragte sie mich wie aus heiterem Himmel, ob ich sie nach Hause bringen könne. Achselzuckend willigte ich darin ein und verkniff mir die Frage, warum sie denn so plötzlich nach Hause wolle.

Hinausgetreten auf die Straße gingen wir die paar Schritte vor zur nächsten Straßenkreuzung, und ich wollte in gewohnter Weise geradeaus weitergehen, um sie zu ihrer elterlichen Wohnung zu bringen, doch sie zog mich vehement nach links in die Straße hinein, an deren Ende sich kurz vor der Kreuzung zur Albrechtstraße die Bushaltestelle des A 68 befand, der die Albrecht-, Grunewald- und Königin-Luise-Straße immer geradeaus fahrend an seiner Endhaltestelle nur zwanzig Schritte vor "unserem" Haus Wartburg hielt.

Wo sie denn hinwolle, fragte ich sie natürlich, woraufhin sie mir zur Antwort gab, ihre Eltern seien übers Wochenende verreist, und es sei mit Thusnelda abgesprochen, dass sie zwei Nächte im Heim übernachte.

Aber warum sie denn jetzt schon "nach Hause" wolle, fragte ich sie nun doch und ihre Entgegnung ließ dann keine Zweifel mehr offen, als sie sagte, ob ich mir das denn nicht denken könne – jetzt also war es soweit: es war das Später …

Statt etwas zu erwidern, lief ich rot an, teils vor Verlegenheit teils aber auch vor einer bis dahin so noch nicht erlebten Erregtheit, so unerwartet diesem bevorstehenden Abenteuer entgegen zu sehen. Nun, was denn sei, fragte sie mich, fast schon herausfordernd und ergriff meine Hand, und kurzentschlossen zog ich sie so stürmisch an mich, dass wir beide leicht ins Trudeln gerieten und mit entsprechenden Bewegungen der Gefahr eines Sturzes auf das Gehwegpflaster entgegenwirken mussten. Wieder in ausgepegelter Balance fest umarmt aneinander stehend, suchten erst unsere Blicke und dann unsere Lippen die lang ersehnten Berührungen, die wir erst unterbrachen, als wir den inzwischen erschienenen Bus bestiegen.

"Zuhause" angekommen, trennten sich unsere Wege zunächst erst einmal, denn ich bewohnte noch immer das schon mehrmals beschriebene Turmzimmer, und sie war in einem als Gästezimmer zurechtgemachten Raum im Keller zwischen Walter Scherfs Zimmer und der Waschküche einquartiert.

Wir verabschiedeten uns unten gleich hinter der Eingangshaustür, wobei sie mir ein ins Ohr gehauchtes: "Ich warte auf dich!", mit auf den Weg gab.

Meine Aufgeregtheit bezwingend erklomm ich so laut wie möglich die zwei Treppenabsätze ins Hochparterre an Thusneldas offenstehender Bürotür vorbei - sie sollte mitbekommen, dass ich bereits wieder im Hause war und mich auf ihrer in ihrem Elefantenhirn gespeicherten An- und Abwesenheitsliste als anwesend vermerken. Sie blickte auch kurz zur Treppe, und ich hörte noch ihr: Ach, ich sei ja schon wieder da, ob der Tanzabend denn heute nicht so richtig gewesen wäre und so weiter, und ich erwiderte nur knapp, ich sei müde, mir ginge es nicht so gut und ich lege mich doch lieber zu Bette und auch so weiter und so weiter.

Oben angekommen im Turmzimmer, außerhalb Thusneldas Hörbereich, betrat ich das Zimmer, um mich alsbald umzuziehen – ich brauchte jetzt meinen Tarnanzug, wie ich ihn immer nannte, und der bestand aus einem schwarzen T-Shirt, einer langen schwarzen Trainingshose sowie schwarzen Socken, um auf den Steinstufen der Treppe auch ja kein Geräusch zu erzeugen…

So getarnt schlich ich auf leisen Sohlen die Treppe hinunter, vorbei am im ersten Stock gelegenen Siebenschläfer und weiter hinunter die nächsten zwei Treppenabsätze, und nun galt es, unbemerkt an jener offenstehenden Bürotür vorbeizukommen – ein mir nicht unbekanntes Manöver, dem zwar eine gewisse Routine zugrunde lag und das dennoch jedes Mal erneut die höchste Vorsicht und Konzentration erforderte. Diesmal kam allerdings zu meiner Konzentration auch noch ein vor Aufregung rasend schnell schlagendes Herz dazu, aber… es gelang mir auch diesmal, an der Bürotür mit zwei großen leisen Schritten zum nächsten weiter nach unten führenden Treppenabsatz vorbeizukommen ohne Thusneldas Bemerken meines Tuns!

In besagtem Kellerzimmer angekommen erwartete mich Heidi bereits, dergestalt, dass sie die Bettdecke seitlich zurückschlug, kaum, dass ich den Raum betreten hatte. Sie trug ein kurzes topartiges Nachthemd, das man geradeso die wesentlichen Teile ihres Körpers bedeckte, um noch sagen zu können, sie lag nicht schon völlig nackt in ihrem Bett, dennoch in einer kaum noch zu überbietenden verführerischen Anmut, dass ich mich beeilte, aus meinem Tarnanzug herauszukommen und mich splitternackt mit bereits erigiertem Glied an ihren dargebotenen Körper anzuschmiegen.

So lagen wir für mich endlos erscheinende Sekunden nebeneinander, ohne dass irgendetwas geschah, außer, dass wir wohl beide unseren aufgeregten Herzschlägen lauschten, bis ich dem inneren spannungsgeladenen Drang, sie zu berühren, nicht mehr länger widerstehen konnte und sie leicht zu mir herumdrehte, sodass unsere Gesichter näher aneinander kamen, und ich begann, sie so zärtlich wie möglich zu streicheln. Auch sie ließ ihre Hände an meinem Rücken heruntergleiten – eine Berührung, die mich derartig elektrisierte, dass ich ihr Gesicht in meine beiden Hände nahm und sie wild und stürmisch zu küssen begann. Irgendwann lösten sich unsere Lippen voneinander und – nach neuem Atem ringend – lagen wir wieder nebeneinander, sodass meine

Hände nun ihren oberen Brustbereich durch die Mitte ihrer etwas kleiner gewachsenen Brüste über den Bauchnabel hinabfuhren bis zu ihrem Schamberg hinab, und dann ließ ich meinen Zeige- und Mittelfinger an den beiden Außenlinien ihrer Schamlippen entlanggleiten. In ihrer Erregtheit begann sie wieder, mich leidenschaftlich zu küssen und ergriff meine Hand, um sie kurzerhand entschlossen zur Spitze ihrer Schamlippen zu führen. Dann legte sie ihre Hand auf die meinige und begann damit, unsere beiden Hände in gleichmäßigen Bewegungen kreisen zu lassen.

Wenig später löste sich ihre Hand, und ich begriff nun, was meine Finger tun sollten...

Bald darauf schien ein bebenartiges Gefühlsgewitter ihren Körper zu durchdringen, und alsbald ergriff sie meine noch ihre Schamlippen bearbeitenden Finger und schob sie sanft beiseite. Meine Lippen für weitere stürmische Küsse erneut suchend, dirigierten mich ihre Hände an meiner linken Schulter unmissverständlich zu einer Bewegung, mich auf sie heraufzuschieben und sogleich drang ich in sie ein, bemüht, nicht schon wieder vorzeitig zu ejakulieren, was mir aber aufgrund einer sich durch alle Köperzellen hindurchziehenden sexuellen Erregung nicht gelang.

Dennoch verweilte ich weiterhin in ihrem nass gefüllten Blumenkelch und ließ mein Becken in langsamen rhythmischen Bewegungen kreisen, während sie ihre Hände um meinen Hals schlang, mein Gesicht vor ihre Lippen herabzog um mich wiederum mit ihrer innigsten Leidenschaft zu küssen.

Und irgendwann - mir erschienen unsere physischen gemeinsamen Schwingungen wie ein Schweben außerhalb von Zeit und Raum - steigerten sich ihre Bewegungen wieder zu einem ihren Körper durchdringenden Höhepunkt und wenig später gab auch ich mich noch einmal der explosionsartigen Entladung eines sexuell erfüllten Verlangens als krönendem Abschluss dieser wunderbaren Begegnung hin.

Wir lagen noch lange eng umschlungen aneinander und ließen uns in einem dämmrigen Schlummer so dahintreiben, doch kurz vor dem Morgengrauen musste ich unsere Umarmungen leider lösen um - wieder mit meinem Tarnanzug bekleidet - heimlich und leise nach oben ins Turmzimmer durchs verschlafene Haus in mein eigenes Bett zu schleichen.

Dort überkam mich alsbald ein wohliger Schlaf begleitet von den Erinnerungen an die letzten Stunden; in meinem Gaumen konnte ich noch lange bis in die letzten Winkel hinein durchtränkt den Geschmack all ihrer Lippen spüren, und es war mir ein Leichtes, befriedigt festzustellen, dass ich diesmal tatsächlich das eigentlich Wesentliche erlebt hatte!

Danach sahen wir uns einige Tage nicht mehr und begegneten uns erst nach gut zwei Wochen in unserer Kirche wieder. Die ganze Zeit über machte ich mir plötzlich große Sorgen darüber, dass ich sie in dieser Nacht vielleicht geschwängert hätte, denn bei aller Leidenschaft hatte ich gar nicht über solche eventuellen Folgen nachgedacht, ging ich doch davon aus, dass sie wusste, ob wir uns so ungeschützt unserem sexuellen Drang hingeben konnten.

Aber… sie war es zu unserem Glück nicht, stattdessen aber stand die Niederkunft des Kindes der Familie Scherf bevor, und Edeltraut gebar alsbald ein kleines Mädchen mit dem Namen Nicole.

Ein gutes halbes Jahr lang bewohnten sie weiterhin das für die neuen Umstände umgebaute (Keller)Zimmer, doch diesen ungünstigen Widrigkeiten geschuldet, begannen sie alsbald mit der Suche nach einer richtigen Wohnung.

Währenddessen ging ich bei Walter Scherf sozusagen in die Lehre, sah ihm beim Reparieren seines Autos, eines zehn Jahre alten Reanult R4's zu, lernte dabei Tricks kennen, wie man scheinbar nicht mehr zu lösende Schrauben doch noch aus ihrem verrosteten Gewinde herausbekommt, um neue einzusetzen. Zusätzlich konnte dabei üben, wie man neue Zündkerzen einsetzt, wie man mit störrisch fest sitzenden Radmuttern beim Reifenwechsel umgeht und vieles andere mehr. Doch den Höhepunkt bildeten dann stets die Lektionen, wie ein Auto zu fahren ist: Kuppeln und schalten, vom Anfahren, Rückwärtsfahren bis hin zum Einparken konnte ich all dies auf unserem Heimgelände rund um unsere Insel herum lernen und fieberte ab da - noch sechzehnjährig - dem Moment entgegen, mich bei einer Fahrschule zum Absolvieren eines Führerscheins anzumelden. Ohnehin hatte ich beim ersten Autoskooterfahren auf dem Amerikanischen Volksfest – mit acht Jahren (!) für mich beschlossen: Und mit achtzehn hast du einen Führerschein! Im Übrigen lag mein Interesse beim Autoskooterfahren nie im Reiz des möglichst vielen Anbuffens anderer Skooter sondern vielmehr darin, allen Zusammenstößen auszuweichen; so erlernte ich ein ausgezeichnetes Reaktionsvermögen und entwickelte ein schnelles Auge für das Gesamtgeschehen auf der blanken Fläche der fahrenden Skooter.

Weitere Lehrstunden führten mich in unseren Heizungskeller, der mit einem recht großen - damals noch mit richtigem Koks zu heizenden - Ofen für die Erwärmung aller im Hause mit Zentralheizungskörpern ausgestatteten Räumen sowie einem kleineren Ofen für die Warmwasserversorgung des Hauses versehen war.

Betrat man diesen Heizungskeller, so befand sich der kleinere Ofen gleich linker Hand neben der Eingangstür, und rechter Hand war der große in einem nach unten tiefer gelegten Boden installiert – gegenüber der Eingangstür befanden sich zwei kleine mit Außengittern versehene Fenster und ganz hinten – links herumführend – lagerte in einer großen Nische der zu einem hohen Berg geschichtete Koks.

Diesen füllte man in einen großen Blechkübel, den man dann zum Ofen brachte, um ihn von oben durch eine große Klappe hinein zu kippen.

Ich lernte alle Griffe und Hebel einschließlich ihrer Funktionen kennen, schaute dabei zu, wie die Öfen - sollten sie mal ausgegangen sein - wieder neu entfacht wurden, wie die beim Verbrennen der Kohle entstehende Schlacke entfernt und entsorgt wird, wie die Öfen von ihrer reichhaltigen Asche befreit werden, wie sich die Funktionalität der Kreisläufe beider Systeme der Beheizung des Hauses und der Erwärmung des Warmwassers aufbaut – kurzum: ich avancierte zum Nachfolger des Walter Scherf in seinen Funktionen als Heizer und Hausmeister und verdiente damit mein nötiges Geld für die Finanzierung meines in baldiger Zeit in Angriff zu nehmenden Führerscheins.

Bald darauf - nach dem Auszug der Familie Scherf in eine mit dem Auto fünfzehn Minuten entfernte Dreizimmerwohnung in Lichterfelde - bezog ich das erste Einzelzimmer in meinem Leben und hatte damit die oberste mögliche Stufe der Privilegierung erreicht.

Im nächsten Herbst wurde ich offiziell zum Nachfolger Walter Scherfs ernannt und erhielt dadurch einen völlig anderen Tagesablauf, dergestalt, dass er nun täglich um sechs Uhr morgens begann, und ich mich noch vor dem Frühstück um die beiden Öfen kümmern musste. Danach fuhr ich - zumeist mit dem Fahrrad (Sommer wie Winter) - zur Schule, beeilte mich des Mittags mit dem Nachhausekommen, um mich dann wiederum um die Nachbefeuerung der Öfen zu kümmern oder auch anderen hausmeisterlichen Pflichten nachzukommen. Oft genug geschah es (natürlich), dass ich morgens verschlief, und dass Schwester Elisabeth dann vehement an meine Tür klopfte, bis mich ihre Worte: „Detlef! Du hast verschlafen!! Ich habe kein warmes Wasser!!!", hochschrecken ließen, und ich schlaftrunken in den meinem Zimmer gegenüberliegenden Heizungsraum taumelte und mit nur halb geöffneten Augen in der erkalteten Schlacke der Öfen herumfuchtelte und mich, mit reichlich Papier und Kleinholz bewaffnet, dann beeilte, die Öfen wieder anzuheizen. Oder es kam vor, dass mich böse Blicke meiner Heimkameraden zu durchdolchen drohten ob der Tatsache, dass die gesamte Bude morgens scheißkalt war und viele andere ähnliche Missgeschicke mehr...

Bei alledem, was ich nun so trieb, fiel – wie man sich sicherlich denken kann – die Schule hinten runter, und irgendwie ahnte ich immer deutlicher, dass das allgemein gesteckte Ziel, das Abitur zu absolvieren, ohnehin nicht mein eigenes eigentliches Ziel darstellte und dementsprechend einer immer stärker werdenden Interessenlosigkeit im Sinne einer resignierenden Gleichgültigkeit zum Opfer fiel und letztlich dabei seinen heiligen Wert verlor.

Zwar war im gleichen Jahr zum Frühjahr hin Amelia aus Amerika zurückgekehrt, doch wollte sich ein Anknüpfen an unser Beisammensein wie im Jahr zuvor nicht mehr so richtig herstellen lassen, dazu waren die Kräfte der Zeit und der Entfernung über das große Wasser zu mächtig am Werk gewesen, als dass noch etwas Vernünftiges zwischen uns entstehen konnte.

Zu Beginn ihres Aufenthaltes in der Welt der unbegrenzten Möglichkeiten hielten wir in Briefen (die man damals noch auf Leichtpapier geschrieben als Luftpost <via air rmail> verschickte) ja noch an unserer treuen (unvergleichlichen) tief spürbaren Liebe fest, doch verblasste das dazugehörige tatsächliche Gefühl mit zunehmender Zeit umso deutlicher, zumal in diese Zeit auch meine geschilderten Zusammenkünfte mit Heidi Branzo fielen, die sich auch noch über die Zeit nach Amelias Wiederkehr hinzogen...

Auch Amelias liebend schlagendes Herz begab sich auf andere Pfade, die allerdings ganz erheblich die Weichen für eine nicht mehr aufzuhaltende Fahrt ihres Lebenszuges stellten: Sie heiratete gleich nach dem Abi unseren gemeinsamen (ehemaligen) Englischlehrer, brachte zwei Söhne zur Welt und blieb bis zum Tode ihres Mannes mit ihm zusammen!

Noch bevor Walter Scherf auszog, erlernte ich nicht nur die schon beschriebenen Dinge von ihm sondern war auch fleißig damit beschäftigt, das Geheimnis der drei im Fußraum eines Autos befindlichen Pedale zu erkunden, wie man sie zu welchem Zweck betätigte, wie sich dadurch ein Auto bewegen und auch bremsen ließ, wie es sich beim Rückwärtsfahren verhielt, wie man es am Berg anhielt und auch wieder bewegte, wie man es in äußerst kleine Lücken rückwärts und in wesentlich größere Lücken auch vorwärts einparkte, wie man es auf engstem Raum wendete und eben vieles andere auch noch mehr... Das Ganze erprobten wir auf unserem Heimgelände, rundherum um unsere Insel und auf dem Weg zu unserm Fuß- und Schlagballplatz.

Von diesem Augenblick an war ich vom Autofahren geradezu besessen - ein Umstand, der mir auch heute noch anlastet...

Im September des Jahres 1969 war es endlich so weit, dass ich mich als Siebzehnjähriger (mit der Aussicht, zwei Monate später achtzehn Jahre alt zu werden) in einer Fahrschule anmelden konnte, um den so heiß begehrten Führerschein in Angriff zu nehmen. Diesbezüglich folgte ich einer Empfehlung Miriams, die bereits schon einige Monate zuvor ihren Führerschein erfolgreich erlangen konnte. Ich meldete mich in eben derselben Fahrschule an, in der auch sie das Autofahren erlernt hatte.

Da die Fahrschule noch nicht einmal ein halbes Jahr bestand, bot sie immer noch einen Vorzugseröffnungspreis an, und so kostete zu der damaligen Zeit eine dreiviertelstündige Fahrstunde ganze zehn (!!) DM, erst später, kurz vor meiner Führerscheinprüfung im Dezember des gleichen Jahres 1969 erhöhte sie den Preis um – heutzutage kaum zu fassen – eine ganze DM!

Mein Führerschein hat mich damals mit allem Drum und Dran inclusive Sehtest und Prüfungsgebühren mit insgesamt zehn Fahrstunden (nur) ganze zweihundertfünfzig Mark gekostet! (Tja, das waren noch Zeiten!...)

Hab' ich eigentlich schon erwähnt, wie ich nebenbei ein wenig Gitarre spielen erlernte? Wenn nicht, gibt es dazu auch keine spannende Geschichte zu erzählen, denn ich weiß es heute gar nicht mehr! Erin-

117

nern kann ich mich nur daran, dass irgendwann einmal ein „Neuer" zu uns ins Heim kam und dieser eine Gitarre mit sich im Gepäck führte. Er spielte recht gut und beherrschte schon einmal alle Grundakkorde von E-Dur aufwärts über eine ganze Oktave.

Ich interessierte mich wohl sogleich ob der Faszination des Klangs der Gitarrenakkorde dafür, erlernte wissbegierig dieselben von ihm und hatte von Anfang an keine Schwierigkeiten damit, die Akkorde richtig zu greifen einschließlich des für Anfänger eigentlich schwierigsten Akkords, nämlich den des F-Dur-Barrégriffes...

Der ersten Song, den nicht nur ich sondern eigentlich jeder, der gerade mit Gitarrespielen begann, damals erlernte, war das Haus der aufgehenden Sonne, also: House Of The Rising Sun, damals gerade besonders durch die Version Eric Burdons populär geworden...Zu der Zeit war ich wohl fünfzehn, vielleicht auch sechzehn Jahre alt, und fortan – bis heute – begleitete mich die Gitarre als Zweitinstrument, und das Klavier war und ist mein Hauptinstrument geblieben...

Doch zurück zum Silvestertag des Jahres 1969, eben jenem Tag meiner am Vormittag stattgefundenen Führerscheinprüfung.

Schon der Beginn des Monats Dezember hatte ich sich als ein bitterkalter und sehr schneereicher Winter gestaltet. Mein erster Prüfungstermin zur Absolvierung des Führescheins war eigentlich schon gut zehn Tage zuvor angesetzt, doch war es weder meinem Fahrlehrer noch dem zuständigen Prüfer möglich, ihre Autos aufgrund einer eisigkalten Nacht mit Minustemperaturen von 25 Grad in Gang zu bekommen – es stand also gar kein Auto für die praktische Prüfung zur Verfügung, und die ganze Sache musste aufgrund dessen abgesagt werden.

Zum 31. Dezember hingegen war man auf den verflucht grimmig frostigen Winter endlich soweit eingestellt, dass die vom Winter geplagten Autobatterien des Morgens über genügend Saft verfügten, die völlig vereisten Maschinen ihrer Wagen in Gang zu bekommen. So konnte ich – zusammen mit zwei weiteren Prüflingen – noch im gleichen Jahr 1969 den Führerschein erlangen.

Des Abends dann zur Silvesterparty in der damaligen Studentenkneipe (damals noch als Wiederaufbau eines abgebrannten Holzschuppens anmutenden) Luise herrschten zur Jahreswende wiederum minus 30 Grad ostsibirische Kälte, sodass ich das übliche Knallen zum Jahreswechsel nachts um zwölf Uhr nach dem Anzünden nur eines einzigen Chinaknallers aufgab, einfach dem Gefühl geschuldet, dass sich am Ende meiner Arme keine Hände mehr zu befinden schienen...

So zog auch ich - wohl mehr oder weniger frohen Mutes – ein in das nächste Jahrzehnt, beginnend mit dem Jahr 1970, das sich offensichtlich ob seiner Unbedeutendheit meiner Erinnerung entzieht, sodass ich darüber im Nachhinein betrachtet nicht viel zu berichten habe. Doch halt!, da fällt mir doch ein, dass ich unermüdlich – da ich ja nun einen Führerschein (der damaligen Klasse III...) besaß – auf der Suche nach einem geeigneten Auto für mich war, und es war Walter Scherf, der für mich einen alten, vierzehn Jahre alten VW in der Zeitung entdeckte für einen für mich damals noch erschwinglichen Kaufpreis von zweihundertfünfzig DM.

So kam ich zu meinem ersten Auto, dessen äußerer Zustand mit seiner völlig verrosteten Kofferraumhaube (vorne!...) , seinen eigentlich schon abgefahrenen Reifen und seinem nur noch halbjährigen TÜV nicht gerade den Eindruck einer Luxuslimousine erweckte.

Aber dieses Auto erfüllte durchaus seinen Zweck, dergestalt, dass ich des Morgens möglichst auffällig und sichtbar für Jedermann vor unserer Schule vorfuhr, an der Ecke Bundesallee/Hohenzollerndamm einem anderen Verkehrsteilnehmer eine erste Schramme in seine Seitentür fuhr, mich eine Zivilstreife auf der Goerzallee in Lichterfelde stoppte, um mir gegenüber festzustellen, dass ich jene Straße seit gut drei Minuten mit einer Geschwindigkeit von achtzig (bei nur fünfzig erlaubten) km/h gefahren sei und das - wie sie nun bemerkten - mit Reifen ohne jegliches Profil, was ein gewisses Unverständnis bei den Polizeibeamten hervorrief, sodass einer der beiden mich auch mit der Frage konfrontierte, ob ich irgendwie noch ganz bei Troste sei...

Drei Wochen später zitierte mich mein Vormund, Herr Roll, in sein Büro im Bezirksamt Tempelhof, zeigte mir völlig konsterniert einen Brief mit dem Absender: Der Polizeipräsident in Berlin, den er als mein Vormund erhielt, da ich mit achtzehn Jahren ja noch nicht volljährig war. In diesem Brief waren recht detailliert meine Verkehrssünden von der Raserei in der Goerzallee aufgeführt. Er wiederholte sie alle noch einmal, wobei er sie mir nicht in strafendem sondern eher in zweifelndem Frageton vortrug. Da ich meine Sünden alle bestätigte, versicherte er mir, sich bei einer etwaigen Wiederholung solcher Vorfälle um einen anderen Vormund für mich zu bemühen, kurzum: er kündigte mir sozusagen die Freundschaft.

Der nächste Vorfall ließ nicht lange auf sich warten: Es war eine rote Ampel, deren Blitzlicht mich erwischt hatte, und die im Anhörungsbogen formulierte Tatsachenberichtserklärung (sprich: Ausrede), ich hätte die Ampel aufgrund eines vor mir seitlich in rechter Spur fahrenden LKW nicht sehen können, wurde von der Bußgeldstelle leider (natürlich!) nicht akzeptiert – es hagelte das nächste Bußgeld von einhundert DM nebst entsprechender Punktesammlungsaufwertung in der berühmten Flensburger Verkehrssünderdatei... Der Freundschaft zwischen Herrn Roll und mir tat es indes zu diesem Zeitpunkt aber noch keinen Abbruch!

Tja, was geschah noch so in diesem Jahre 1970? Oder, so überlege ich gerade, was hab' ich vielleicht Wichtiges vergessen zu erzählen aus meiner kleinen Welt, bestehend aus der Schule mit ihren Nebenschauplätzen der Schulfußballmannschaft und des Schulchores, der Kirche mit ihrem Kirchenchor (hätte ich damals schon das Stück von Procol Harum: A Whiter Shade Of Pale spielen können, ich hätt' es auf der mit gutem Sound versehenen Kirchenorgel zum Besten gegeben...), meinem Klavierunterricht und natürlich dem Heim als solchem?

Es geschahen zwei nicht ganz unerhebliche Dinge, die sich meinem bis dahin doch recht ereignisreichen Leben noch hinzufügen sollten.

Ich besaß ja nun ein Auto (in welchem Zustand auch immer, aber es fuhr!), sodass nun auch Thusnelda davon Gebrauch machte, dergestalt, dass sie meine Chauffeurdienste in Anspruch nahm, sich von mir durch die Gegend fahren ließ oder mich damit beauftragte, diesen oder jenen von irgendwoher abzuholen und halt irgendwo hinzubringen - sie zahlte mir dafür sogar die dafür angefallenen Benzinkosten...

So kam es, dass ich eines Tages im Sommer dieses Jahres 1970 von ihr den (Fahr)auftrag bekam, eine junge Dame namens Gundula Sowieso vom Flughafen Tegel abzuholen. Jene Gundula kam aus Wiesbaden, hatte gerade ihr Examen zur Erzieherin absolviert und wollte – Großstadt schnuppernd - in Berlin ihr so genanntes Anerkennungsjahr (das man nach den damaligen Ausbildungsbestimmungen so machen musste) verrichten.

Als wir uns am entsprechenden Ankunftsschalter (der damaligen PAN AM) gesucht und gefunden hatten, schnappte ich mir ihr Gepäck (frei nach Knigges Benimmregeln, wie es mir unsere Tanten – insbesondere Thusnelda - beigebracht hatten…) und dirigierte sie zum Parkplatz geradewegs auf meinen mit völlig verrosteter Kofferraumhaube versehenen VW-Käfer zu, verstaute ihre Koffer und Taschen, öffnete ihr galant die Tür, um sie zum Einsteigen in dieses nicht gerade vertrauenswürdig anmutende Fahrzeug zu bewegen.

Auf der Fahrt ins Heim schwatzten wir so über dies' und jenes, natürlich wollte sie alles Mögliche über das Heim als solches wissen, wie es denn so laufe, was denn alles so passiere und Ähnliches mehr, woraufhin ich wohl nur entgegnete, sie solle es einfach abwarten, sie werde schon sehen, na ja, und eben auch Ähnliches mehr…

Himmel, ich muss (zu meiner Schande) gestehen, ich weiß es einfach nicht mehr!

Ich weiß nicht mehr, wann und wie – auf jeden Fall landeten wir eines Tages (oder vielleicht auch eines Nachts) in ihrem (oder auch in meinem?) Bett und schliefen miteinander. Ich denke, eher in ihrem, denn sie bewohnte das hinter unserem Lesezimmer liegende kleine Gemach im zweiten Obergeschoss – unserer sogenannten Spieletage. Im Gegensatz zu ihr war ich es ja gewohnt, mich früh morgens völlig lautlos (wie ein Indianer …) durchs Haus zu schleichen, eine Übung, der Gundula noch nicht so richtig mächtig sein konnte…

So geschah es wohl das ganze restliche Frühjahr und dem sich anschließenden Frühsommer hindurch, ohne, dass es irgendjemandem verdächtig erschien, da wir unser nun doch recht festes Zusammensein allen anderen gegenüber geheim halten konnten.

Was ist daran nicht ganz unerheblich?, fragen sich vielleicht Leser und Leserinnen – nun: das Ganze führte immerhin dazu, dass wir später – also Gundula und ich heiraten sollten. Aber…das ist erst einmal eine andere Geschichte! …

Ich sprach von zwei nicht ganz unerheblichen Dingen, die sich ereignen sollten und möchte deshalb davon berichten, wie sich wieder einmal meine Mutter bei mir meldete: Ich suhlte mich gerade mal wieder zwischen den von uns erfundenen Pfosten eines Fußballtores auf unserem beschriebenen Bolzplatz und wehrte in bester Manie die Schüsse der Gegenmannschaft auf meinen Kasten ab, als ein anderer Junge unseres Heimes mich rief, ich solle mal zu Thusnelda ins Büro kommen, da sei meine Mutter am Telefon…

Einigermaßen irritiert aber auch von gewisser Neugier getrieben kam ich dem Appell des Jungen nach und machte mich auf ins Büro, den einzigen Raum im Haus, der über ein Telefon verfügte, einem noch klobigen schwarzen Apparat mit einem schwer in der Hand liegenden Hörer der damaligen Deutschen Bundespost...

Thusnelda erblickte mich an ihrem Schreibtisch sitzend, winkte mich herein, übergab mir den Hörer und sagte, da wolle mich eine Frau sprechen, die erklärt hätte, sie sei meine Mutter... So nahm ich den Hörer mit den Worten in die Hand, wer zum Kuckuck da bitte sei, woraufhin die Frau am anderen Ende dieser Leitung ganz konsterniert wiederholte, na, dass sie doch eben meine Mutter sei! Und wer war sie nun wirklich? Zum zweiten Mal in meinem Leben enttäuschte mich jene Elfriede, meines Vaters dritte Ehefrau, damit, sich mir gegenüber als meine Mutter auszugeben!

Ich solle mich mal nicht so ablehnend ihr gegenüber verhalten, denn sie hätte durchaus Neuigkeiten für mich, Dinge, die mich sicherlich interessieren würden. Sie wisse alles über meine richtige Mutter und wie – na ja – die ganze Sache mit meinem Vater damals eben schiefgelaufen sei und überhaupt, ob ich denn wisse, dass ich noch Geschwister hätte – was?! Was denn für Geschwister?! – und irgendwie sei sie ja auch meine Mutter gewesen...

Sie hatte mich neugierig gemacht, und so kam es, dass wir ein Treffen ausmachten, das nur wenige Tage nach ihrem Anruf stattfand.

Kaum zu glauben, aber sie wohnte genau gegenüber dem TÜV-Gebäude in der Tempelhofer Alboinstraße, jener Straße, in der mich am 31. Dezember des letzten Jahres der Prüfer anwies, gegenüber dem Gebäude in jene verschneite und völlig vereiste Parklücke das Prüfungsauto, einen VW-Käfer, einzuparken, um mir anschließend den schon zuvor fertig ausgestellten Führerschein zu übergeben, und wo mein Fahrlehrer mich mit den Worten verabschiedete, nun könne ich mich alleine weiterhin hinter dem Steuer eines Autos mit der Tatsache auseinandersetzen, dass es außer mir durchaus auch noch andere weitere Verkehrsteilnehmer gäbe und - so fügte er hinzu – es genüge nicht, nur mit Nonchalance zu fahren – na ja, ich hab' im Laufe der Zeit auf diesem Gebiet viel dazugelernt...

Dort also wohnte sie in einem von Seiten- zu Seitenstraße reichenden vierstöckigen Wohnblock ganz oben unterm Dachjuché in einer vielleicht 56m² großen Dreizimmerwohnung zusammen mit einem damals noch unter der Bezeichnung „in wilder Ehe" lebenden Mann.

Da standen wir nun also, Gundula und ich, und ich – sonst mit einer ziemlich großen Klappe ausgestatteter Jungspund – genierte mich ob der Situation, brachte keinen (vernünftigen) Ton heraus und stand mehr neben mir als denn vor ihr, jener recht großen hoch gewachsenen, durchaus selbstbewussten Elfriede, meines Vaters dritter Ehefrau…

Elfriede hingegen war (oder gab sich auch nur so, nein, ich denke, sie war es tatsächlich) ganz ungezwungen, nahm mich, bevor ich noch weitere verklemmt wirkende Anstalten machen konnte, am liebsten im Erdboden zu versinken, in die Arme, drückte mich - begleitet von den auf mich absolut befremdlich wirkenden Worten: „Na, da bist du ja, mein Sohn, schön, dass du endlich wieder da bist", und… „Mensch, gut siehst Du aus, wie groß du geworden bist…", dann, nach Ewigkeiten, wie mir schien, ließ sie mich (endlich) los, trat einen Schritt beiseite und musterte Gundula mit den Worten: "Ach, und das ist sie nun, deine Angebetete, wie schön", drückte ihr die Hand und sagte: "Guten Tag, junge Dame, ich bin Elfriede, Detlefs Mutter, und ach wie schön, dass du auch mitgekommen bist, eine feste Partnerschaft ist ja so wichtig heutzutage…", und so ging das dann auch noch ewig weiter, bis wir irgendwann einmal endlich im Wohnzimmer bei Kaffee und Keksen auf der Couch landeten und sie mir aus einem Fotoalbum diverse Bilder von früher vorlegte mit entsprechenden Kommentaren bezüglich der auf den Fotos abgebildeten Personen und der damit zusammenhängenden Geschichten, die ich nur wenig verstand mangels irgendwelcher Beziehungen dazu, geschweige denn irgendwelcher Erinnerungen daran.

Dann schlug sie eine weitere Seite auf, und als mein Blick auf die auf dem Foto abgebildete junge Frau fiel, durchzuckte mich ein kurzer Stich, denn ich wusste sofort, dass dies meine Mutter ist, besser gesagt: war, und ich hatte noch nie zuvor ein Bild von ihr gesehen! Noch bevor Elfriede dazu etwas sagen konnte, kam ich ihr mit den Worten: Das ist meine Mutter! zuvor. Oh ja, richtig, bestätigte sie mir: Das ist deine richtige Mutter gewesen. Und dann erzählte sie mir die ganze Geschichte, wie meine Mutter ums Leben kam, wie sie wohl die Gashähne in der Küche aufgedreht hätte, dass ich nebenan im Wohnzim-

mer gesessen hätte, wie ich dann später neben ihrem Leichnam ge-
hockt hätte und mit einem tiefroten Lippenstift ihre Lippen bemalt
hätte, wie man uns später dann gefunden hatte…

Ich blieb steif und unbewegt auf meinem Platz sitzen, unfähig, das
eben Gesagte mental aufzunehmen, noch fühlte ich mich in der Lage,
irgendetwas außer: Wie?! Was?! Tatsächlich?! dazu zu sagen – es war,
als prallten die Worte an mir ab, einfach, weil ihre Gewichtigkeit einen
Angriff auf meine gerade halbwegs stabilisierte Psyche bedeutet hätte,
ein Angriff, dem ich so noch gar nicht richtig gewachsen gewesen
wäre, woraufhin ich sofort die im Laufe der letzten Jahre erlernten
Techniken eines Abwehrens, eines Nichtzulassens entwickelte, um
mich (un)bewusst davor zu schützen.

Doch Elfriede ließ mir keine weitere Zeit, noch irgendwelche Fragen, die sich in meinem Inneren ohnehin erst hätten noch sortieren
müssen, zu stellen, sondern schien stattdessen gleich noch einen oben
draufsetzen zu wollen, denn sie fragte mich erneut, ob ich denn wisse,
dass ich noch Geschwister hätte und dass meine Schwester sogar in
Berlin leben würde.

Und sie erzählte mir von meines Vaters erster Frau, einer Inge, die
ihm vier Kinder bescherte hatte: einen Franz, den Ältesten, meine jetzt
in Berlin lebende Schwester Anke, schließlich noch die eineiigen Zwil-
linge Christoph und Siegfried, nur ein Jahr vor mir geboren. Sie allesamt waren also Halbgeschwister von mir, und ich war von allen gezeugten Kindern meines Vaters der Letztgeborene (sofern eine etwaige
Dunkelziffer nichts anderes hergibt…).

Elfriede übergab mir eine Fülle von Bildern, die ich sogar bis heute
noch besitze, hauptsächlich alte Fotos meines Vaters, seines Vaters
und seiner Mutter, also meiner Großeltern und natürlich von meiner
Mutter, im Prinzip alles Starfotos ihrer Revueshow: Freddie & Cornelia.

Für Elfriede lagen die Gründe für den Selbstmord meiner Mutter in
der Tatsache begründet, dass sie die ewigen Affären ihres Mannes, also
die meines Vaters, nicht mehr länger ertragen konnte und dass sie
zudem mit den Beschwerden einer akuten Tuberkuloseerkrankung (die
damals längst noch nicht so heilbar war wie heute!) nicht länger zu-
rechtkam.

So, sagte sie, sei es geschehen und mir blieb nichts weiter übrig, als es so erst einmal zur Kenntnis zu nehmen ohne die Möglichkeit eines Überprüfens des Wahrheitsgehaltes. Dennoch schien es mir schon damals (noch bis heute), als durchzuckte mein Gehirn ein Erinnerungsfetzen, dass ich meiner (bereits toten) Mutter die Lippen angemalt hätte - also steckt tatsächlich noch ein klitzekleiner Teil des Miterlebens dieses Geschehens in mir drin - den ganzen Rest muss mein Gehirn blockiert haben, um mir die Möglichkeit zu erhalten, ungeachtet dieses Geschehens unbelastet weiterleben zu können, was ich bis auf den heutigen Tag auch erlebnisreich genug bewerkstelligt habe…

Der Kontakt zu Elfriede blieb vorerst bestehen, da sie mich immer wieder mit neuen, von ihr durchaus emotional engagierten Vorhaben lockte, mich ganz groß aufbauen zu wollen. Sie hätte noch sehr viele Beziehungen aus alten Zeiten, sie sei ja schließlich auch Schauspielerin und zugleich Managerin meines Vaters gewesen und ach, es wäre ja auch alles ein großer Jammer gewesen, wie die Karriere des (ihrer Ansicht nach großen) Heinz Ohlsen zu Ende gegangen wäre, aber – so stellte sie enthusiastisch fest – nun sei ja sein (und letztendlich ja auch ihr) Sohn endlich wieder da - sie würde es allen noch einmal zeigen, wie man die Talente der Ohlsen-Öhlschläger-Familie zu würdigen habe und ähnliches noch mehr…

So zog sie tatsächlich mit mir los, und wir besuchten irgendeinen Herrn aus dem damals noch existierenden SFB-Fernsehstudio am Theodor-Heuss-Platz, der jedoch so seine Schwierigkeiten hatte, Elfriede in irgendeiner Weise einem bedeutsamen Bekanntenkreis zuzuordnen, geschweige denn mit dem (im fortlaufenden Zeitgeschehen in Vergessenheit geratenen) Namen Ohlsen-Öhlschläger etwas anfangen zu können, blieb aber höflich genug, so zu tun, als wisse er schon noch Bescheid und reichte mir mit gespielter Freundlichkeit (und einem damit verbundenem Respekt vor dem ihm nicht so bekannten Namen Ohlsen) die Hand.

Was ich denn gerne so beim Fernsehen machen wolle und welche Ausbildungen ich denn schon diesbezüglich absolviert hätte… und, bevor ich errötend irgendetwas dazu sagen konnte, beantwortete Elfriede bereits für mich die doch etwas unangenehmen Fragen, behauptete, ich sei schon seit zwei Jahren auf einer Schauspielschule in Hamburg und würde den Beruf des Regisseurs erlernen wollen und log dem (leicht verwirrten) Mann noch allerlei mehr vor, dass sich - hätte es sie in diesem Etablissement gegeben - die Balken bogen, so aber rollte sich nur sichtbar der Teppich den gesamten Flur entlang auf.

Elfriede blieb eben Elfriede und kam aus ihrer Haut einfach nicht heraus – sie inszenierte weiterhin das, was sie am besten konnte und weswegen sie vor Jahren eben auch zu einer Zuchthausstrafe verurteilt wurde: hochstapeln, aber mit einer Bravour, die sich gewaschen hatte, und ich, zu der Zeit noch völlig naiv, den Kopf voller unrealistischer Hirngespinste, blauäugig denkend bis zum Gehtnichtmehr, fiel natürlich - trotz aller anfänglichen Skepsis – voll darauf herein und... ließ sie erst einmal machen.

Irgendwann erzählte sie mir mal von ihren Eltern, deren Name ja Linse war und so ergab sich für mich wieder die Verbindung zu Oma und Opa Linse, in deren Obhut ich mich einige Zeit während meiner frühesten Kindheit befand, bevor ich zu meinem ersten Heimaufenthalt in jenem Heim am Mariendorfer Damm verdonnert wurde, jenem Heim, dem ich noch heute mein lebenslang anhaltendes Andenken daran – die große gebogene Narbe am rechten Unterarm – grüßend entgegenstrecken kann, da ich fast täglich mindestens einmal an dem noch bestehenden Haus - in dem heute eine Kita untergebracht ist - mit dem Auto vorbeifahre...

Oma und Opa Linse, eine Schwester, noch drei weitere Halbbrüder – mir rauchte der Schädel ob all dieser neuen auf mich einströmenden Eindrücke, und ich verlor mehr und mehr meine mir mühsam aufgebaute Orientierung, durch die Welt, wie sie sich mir rundherum präsentierte, hindurch zu finden.

Irgendwie, in der Zeit, eines Tages... lernte ich tatsächlich meine Halbschwester Anke kennen. Wie wir zueinander fanden, entzieht sich meiner heutigen Erinnerung – ich weiß nur noch, dass wir sie in ihrer Kreuzberger Wohnung, mitten in einem breit angelegten Hochhaus, quer zur Skalitzer Straße direkt an der Hochbahn gelegen, besuchten – wir sahen uns an diesem Tag zum ersten Mal in unserem Leben und begrüßten uns daher zunächst etwas zurückhaltend, kamen uns aber alsbald in einer langsam wachsenden Vertrautheit näher.

Natürlich war ich anfangs völlig von Sinnen ob der Tatsache, plötzlich eine ältere Schwester zu haben und hatte auch in diesem Moment nichts Besseres zu tun, als mich in sie zu verlieben – was ich natürlich vor Gundula geheim zu halten versuchte, dennoch blieben eifersuchts-bedingte Reaktionen Seitens Gundula nicht aus.

Erst sehr viel später begriff ich, dass ich natürlich nicht in Anke als solche selbst sondern vielmehr in die aufregende Situation, plötzlich eine Schwester zu haben, verliebt war. Insofern saß auch Gundula dem Irrtum auf, auf Anke eifersüchtig sein zu müssen in der Annahme, ich hätte mich in meine eigene Schwester verliebt.

Wie dem auch sei… steigerte sich Elfriede hingegen weiter in ihre selbsternannte Mutterrolle hinein, verabredete immer fleißig weiter Termine mit Leuten aus Film und Fernsehen, die dann aber alle aus irgendeinem Grunde (zum Glück, so fand ich) nicht stattfinden konnten, bedrängte mich ständig, mich jetzt schon in einer Schauspielschule anzumelden, um später dann erfolgreich als ganz große Nummer unter dem Namen Ohlsen herauszukommen und … und eben noch vieles mehr…

Meine Intentionen hingegen lagen mehr im Bereich des Schreibens, mich interessierte unter Umständen ein Germanistikstudium gekoppelt mit Journalismus, sollte ich jemals das noch gut eineinhalb Jahre bevorstehende Abitur schaffen - ein Fernziel, von dem ich weiter entfernt war, als ich zum damaligen Zeitpunkt zugeben wollte.

Das Jahr 1970 durchzog ein herrlich warmer und sonnenreicher Sommer, der natürlich – wie immer – viel zu schnell zu Ende ging. Gegen Ende dieses Sommers verabschiedete sich zunächst mein geliebter erster VW-Käfer, der Motor verbrauchte nun schon bald pro gefahrenen Kilometer auch einen ganzen Liter Öl - mit einem Kolbenfresser siechte er dahin. Als nächstes flog das Zusammensein mit Gundula auf, sodass sie das Heim verlassen und sich ein Zimmer zur Untermiete suchen musste, zudem wurde ihr angeraten, sich auch eine andere Anstellung als Erzieherin zu suchen, solange ich eben noch als sogenannter Zögling in ihrer Abhängigkeit stand, na ja und so weiter…

Zu allem Überfluss bekam ich zu Weihnachten mal wieder Post – Post in einem blauen Umschlag meiner Schule, dem zu entnehmen war, dass meine Versetzung zum nächsten Schuljahr im Frühjahr '71 arg gefährdet sei: Mathe, Englisch und Französisch wurden mit keiner geringeren Note als einer glatten Fünf bewertet!

Es näherte sich der nächste Winter, schneereich und schon im Dezember mit derart eisigen Temperaturen gesegnet, dass ich des Morgens mit meinem zweiten VW-Käfer - einem grauen erst zehn Jahre alten Standardmodell – aufgrund einer ständig eingefrorenen Batterie um unsere Insel rennen musste, bei genügend vorhandenem Schwung dann hinters Steuer hechtete, den zweiten Gang reinknallte und die Kupplung kommen ließ – zuvor hatte ich natürlich erst die Zündung eingeschaltet – und der verdammte Eispanzer ansprang - oder eben auch nicht, dann gab es eben eine zweite Runde mit dem gleichen Versuch.

Von Walter Scherf erlernte ich Techniken des Eiskratzens, eines bei minus fünfzehn Grad äußerst hartnäckig entstandenen Eises, das rundherum alle Fenster des den polarähnlichen Bedingungen ausgelieferten Autos bedeckte – ganz zu schweigen von den ebenfalls dieser Kälte ausgelieferten Händen und Fingern…

Es sollte mein letzter Winter als Heiminsasse des Kinderheims Haus Wartburg sein, denn zum Frühjahr des Jahres 1971 überschlugen sich die Ereignisse!

Erst verlangte mich mein Vormund, Herr Roll vom Bezirksamt Tempelhof, zu sprechen, wollte von mir wissen, wie es denn so um mich stehe – zum Beispiel in der Schule, dabei den berühmten blauen Brief des Droste-Hülshoff-Gymnasiums zwischen den Fingern seiner rechten Hand hin- und her flattern lassend, wie lange ich denn noch im Heim zu bleiben gedenke, ob ich mir überhaupt schon mal Gedanken über meine Zukunft gemacht hätte, ob ich denn überhaupt eine Vorstellung davon hätte, was zum Teufel nun mal so aus mir werden solle…

Germanistik und Journalismus studieren getraute ich mich natürlich nicht zu antworten, denn das hieß, erst noch einmal die 12. Klasse zu wiederholen; es war mir natürlich nicht gelungen, wenigstens zwei der drei Fünfen auf eine Vier anzuheben – Mathe und Englisch blieben Fünf, und die damalige Regel so kurz vor dem Abi besagte, dass man nicht mit einer Fünf in zwei Hauptfächern – auch wenn diese durch eine Eins oder eine Zwei eines anderen Hauptfaches ausgeglichen sein sollten, in die 13. (letzte) Klasse versetzt werden durfte. Das hieß für mich: noch weitere eineinhalb Jahre Schule und… weitere eineinhalb Jahre Kinderheim Haus Wartburg!

Es war wieder einmal mehr Walter Scherf, der mit mir zusammen nüchtern die gegebenen Fakten analysierte und anhand derer versuchte, eine Perspektive zu entwickeln, was ich daraus machen könnte. Zu der Zeit besuchte er selbst bereits eine Abendschule für Ingenieurwesen und jobbte anschließend für eine Firma der Meiereizentrale Berlin (MEZ) als Auslieferungsfahrer für Milch und Milchprodukte aller Art. Er befragte seinen Chef, ob dieser noch einen jungen, kräftigen und dynamischen Kerl als Beifahrer auf einer der drei von ihm geführten Touren gebrauchen könnte.

Gleichzeitig schauten Gundula und ich uns nach einer einstweiligen Bleibe um und fanden eine kleine in einer Villa im Souterrain gelegenen Zweizimmerwohnung mit Küchenbenutzung zusammen mit allen übrigen bunt durchs Haus gemischten Mietparteien in Nikolassee.

In der Schule gab ich offiziell meinen Abgang nach der 12. Klasse bekannt und bekam ein entsprechendes Abgangszeugnis, auf dem freundlicherweise zur besseren Gestaltung meines zukünftigen beruflichen Lebens die Zensuren alle etwas angehoben wurden…

Noch an den gleichen Tagen besuchte ich erneut meinen Vormund im Bezirksamt Tempelhof – diesmal allerdings unangemeldet zum Ärger seiner Sekretärin, an der ich einfach grußlos vorbeirauschte, um seine Bürotür aufreißend vor seinem Schreibtisch zu erscheinen. Er tadelte mich grob ob meines respektlosen Verhaltens und wollte mich fortschicken – ich solle mich gefälligst vorher anmelden wie alle anderen auch und hier nicht einfach so hereinplatzen, was das denn solle! Ich entschuldigte mich kurz und gab ihm zu verstehen, dass ich nur eine Unterschrift bräuchte.

Eine Unterschrift! Was ich denn nun schon wieder angestellt hätte?! Ich bräuchte seine Unterschrift für einen Mietvertrag für eine kleine eingelagerte Zweizimmerwohnung in einer Villa in Nikolassee. Was?! Ich hätte eine Wohnung und wolle also aus dem Heim ausziehen? Ich solle mich setzen, er wies dabei auf den vor seinem Schreibtisch stehenden Stuhl und gab seiner Sekretärin zu verstehen: keine Anrufe, keine Besucher für den Augenblick!

So saßen wir uns denn gegenüber, und ich sollte ihm berichten, wie es zu meinem Entschluss kam, eine Wohnung zu suchen. Aha, stellte er zwischendurch fest, ich würde also auch gleich mit meiner Freundin zusammenziehen und… so so, fügte er hinzu, der Vermieter sei damit einverstanden, sehr schön, aber es gäbe da ja wohl immer noch den so genannten Kupplungsparagrafen, und ich sei eben noch minderjährig, das könne schon Schwierigkeiten geben. Aber immerhin sei der Schulweg dann ja auch nicht viel weiter als der vom Heim aus... und das war, so begriff ich schnell, die Gelegenheit, ihm zu vermitteln, dass sich das mit der Schule erledigt hätte, legte ihm dazu mein Abgangszeugnis von der „Droste" auf den Schreibtisch, musste dabei jedoch befürchten, er würde vor lauter Überraschung gleich von seinem Bürostuhl fallen. Als er sich wieder gefangen hatte, wollte er von mir wissen, wie ich mir das zum Teufel denn alles so vorstelle, was ich zu tun gedenke - ohne Abitur, warum.... Warum denn nur kein Abitur...?!

Ich skizzierte ihm meine Planung der näheren Zukunft, erläuterte ihm, dass ich bereits in der kommenden Woche als Aushilfsfahrer in einer Firma der Meiereizentrale beginnen könne (schob ihm dabei noch ein Formular des Arbeitsvertrags über den Schreibtisch mit der Bitte, er möge doch auch diesen unterschreiben...) und mich gleichzeitig um eine Stelle in einem Kinderheim für eine Anstellung als Erziehungshelfer bewerben und mich außerdem in einer Erzieherschule der Arbeiterwohlfahrt Berlin zum nächsten April für eine berufsbegleitende Erzieherausbildung anmelden würde.

Eine Weile herrschte Stille. Herr Roll, mein Vormund, drehte sich in seinem Bürostuhl leicht hin und her, schaute mal sinnverhangen aus dem Fenster, mal zu mir, bis er schließlich sagte, ich hätte mir das alles ja wohl ziemlich gründlich überlegt, das hätte er mir gar nicht zugetraut. Aber - es höre sich durchaus vernünftig an, er sei damit einverstanden und... er würde mir dazu einen Vorschlag machen wollen.

Ich wartete gespannt ab, und das, was er mir dann vorschlug, verschlug mir buchstäblich erst einmal die Sprache! Er hätte keine Lust mehr, so sprach er, dass ich ihm bei allem, was ich so vorhätte, vierzehntäglich die Bude einrennen müsse, weil ich für alles Mögliche seine Unterschrift bräuchte. Was ich davon hielte, wenn er beim zuständigen Vormundschaftsgericht meine vorzeitige Volljährigkeit beantragen würde (zum damaligen Zeitpunkt wurde man erst mit 21 Jahren volljährig...). Das fände ich absolut prima! Schön! Die Sache hätte allerdings einen Haken. Natürlich, dachte ich, wäre ja sonst auch zu schön gewesen!

Es folgte wieder eine Pause des Nachdenkens, in die hinein ich mich nicht getraute zu fragen, worin der Haken denn nun bestehen würde.

Um vorzeitig für volljährig erklärt zu werden, so führte er weiter aus, müsse das Ganze an einen anderen zweckgebundenen Antrag gekoppelt sein, wie zum Beispiel die Übernahme der Firma des Vaters, da dieser sie aus gesundheitlichen Gründen nicht mehr führen kann oder um das Erbe der verstorbenen Eltern anzutreten oder eben – dass man eine Heirat eingehen wolle.

Heiraten!?!

Ich solle mir das in Ruhe überlegen, empfahl er mir, Vor- und Nachteile sorgfältig gegeneinander abwägen… Würde ich mich dazu entschließen können, wäre ich – gesetzlich gesehen – frei und unabhängig in all meinen Entscheidungen, könne tun und lassen, was ich wolle, bräuchte niemanden mehr um Erlaubnis zu bitten, trüge die Verantwortung für mich und mein Leben künftig ganz allein.

Kurze Pause, an die sich seine wohl ganz privaten Worte anschlossen, er sei mich dann auch endlich los, ich sei ein anstrengender Proband, eine reine Nervensäge, die sowieso alles besser wisse, wie das Leben so laufen solle… Damit entließ er mich für diesen Tag und schickte mich mit einem selten so vorhandenen Gewittersturm hinter meiner Stirn nach Hause.

Natürlich sprach ich auch mit Gundula über all das, während wir sowohl ihre als auch meine Siebensachen zusammenpackten und sie schon mal nach und nach in unsere kleine Souterrainwohnung in die Villa nach Nikolassee fuhren.

Heiraten?, fragte sie. Tja, warum eigentlich nicht. Wir lieben uns doch – also heiraten wir eben auch! Wir waren jung, teilweise noch ziemlich dumm und unerfahren, unbedarft und auch naiv genug, um davon überzeugt zu sein, das Richtige zu tun.

Und so nahm unsere weitere Geschichte denn ihren Lauf, die mit all ihren Folgen und Konsequenzen im zweiten Teil dieser Biografie – mit dem Titel: „Im Labyrinth des entstehenden Bewusstseins" – nachzulesen sein wird.

Längere Zeit schon zuvor hatte es sich ergeben, dass ein weiterer Bewohner des Turmzimmers, ein wesentlich kleiner gewachsener Jugendlicher als ich Namens Geraldin Mynotsch, hinunter in mein kleines eigenes Reich ziehen musste, da sonst kein Platz mehr für ein weiteres neu aufzunehmendes Kind in unserem Hause gewesen wäre. Ich nutzte die Gelegenheit, ihn, meinen neuen Zimmerkameraden zu meinem Nachfolger zu bestimmen und bildete ihn sozusagen an den Geräten der beiden Koksöfen aus, zeigte ihm auch alle anderen zu verrichtenden Hausmeisterarbeiten, sodass er die ganze Sache bei meinem Auszug auch übergangslos übernehmen konnte. So war das Haus wenigstens diesbezüglich weiterhin versorgt.

So kam denn der Tag, dass ich aus meinem bisherigen Zimmer die allerletzten Sachen in eine Tasche stopfte und Thusnelda, die von alledem nur gerüchteweise wusste, in der Tür stand und leicht konsterniert feststellte, dass ich nun also ausziehe und ob ich denn wisse, was ich da tue und warum ich nicht mit ihr darüber gesprochen hätte! Irgendwie blieb ich ihr wohl eine befriedigende Antwort schuldig, oder ich hatte vielleicht auch gar keine, ich denke, ich wollte nur noch hier raus, und so trennten wir uns nach gut zwölf Jahren meiner Heimunterkunft in diesem Hause fast grußlos – es war der letzte Moment meines Lebens, dass ich sie sah!

Heute – viele, viele Jahre im Nachhinein betrachtet, tut es mir – trotz allem, was geschehen war – doch sehr leid, dass wir so auseinandergingen: ein Wort des Dankes als Anerkennung für ihre Unterstützung, die sie mir eben doch auch gegeben hatte, und auch ein Wort eines verträglichen Abschieds hätte sie verdient gehabt! Aber: das Leben besteht eben nun mal aus aufeinanderfolgenden Augenblicken, wobei der letzte Augenblick stets die Folge des vorangegangenen ist – in diesem Moment fühlte ich keine Dankbarkeit und auch kein Bedürfnis eines angemessenen Abschieds – ich war auch in diesem Augenblick das Ich des gerade stattfindenden Moments – gefangen von unreflektierten Gefühlen, für die ich erst Jahre später Worte aus einer nach und nach wachsenden Vernunft fand.

Und so verließ ich – lange noch nicht ausgereift und gewappnet fürs Leben, nach zwölf Jahren und zwei Monaten das teils verhasste, aber auch teils geliebte Kinderheim Haus Wartburg, wild entschlossen und auch neugierig genug, dem Abenteuer Leben in freier Wildbahn entgegenzutreten.

Wohin es mich führte, soll der erwähnte nachfolgende Teil II zeigen!